Masters

president,owner,director,boss,leader,captain......

マスターズ――日本経済の未来を創る経営者たち

地域をリードして、
日本の未来を創る経営者にフォーカス――

人材、通信、製造、教育、医療・福祉、士業、サービスなど、各分野で活躍する経営者の活躍を伝える。それが**月刊経営情報雑誌『MASTERS（マスターズ）』**の役割です。会社案内や、経営者同士の異業種交流のツールとしてご活用いただけます。

2023. November 11

【表紙解説】2023年9月15日、ラトビア共和国のリガにて新政府への信任投票後の記者会見に臨むエビカ・シリニャ新首相。

2023年10月号

2023年9月号

2023年8月号

2023年7月号

【マスターズ公式HP】

【電子書籍も販売中】

文化、芸能、スポーツ――各界の著名人がインタビュアーに！

#建設　#愛知

株式会社GMトランス

代表取締役　蒲野 禎幸

熟練の技と情熱で、理想の土地活用をカタチにするプロ集団

愛知県岡崎市を拠点に、造成工事を中心とした総合建設業を手掛けている『GMトランス』。技術力と経験、そして熱意で以て全力で顧客の希望に応えんとする仕事ぶりで、確たる信頼を得ている企業だ。そんな同社の蒲野社長のもとを、タレントの布川敏和氏が訪問。インタビューを行った。

事業者情報

愛知県岡崎市欠町石ケ崎下夕通5番地1

http://www.gmbook7.com/

対談記事を見る

（画像クリックで別ウィンドウ表示）

熟練の技と情熱で、理想の土地活用をカタチにするプロ集団

異業種ネット -PLUS-

SCAN ME

インタビュー記事をネットにカラー掲載。
専用広告枠で効果的にPRを行い、
ビジネスを加速させていく――

「MASTERS（マスターズ）」は、
中小企業の経営者を中心に、
医療機関・福祉施設従事者、
法曹人、店舗オーナーなど、
各界の“マスター”たちを紹介する
月刊経営情報誌です。

著名人をゲストインタビュアーに据え、
全国の経営者のもとを訪ねる特別取材企画
『地域に生きる』をメイントピックに、
日本経済を支える
「企業」「匠」「医療」「介護・福祉」
「EXPERT' S」「教育」「社寺」「店」の今に迫ります。

特別取材企画

40 **地域に生きる**

企業は人なり～その人物像を探る

日本において、全企業のうち90%以上の割合を占める中小企業。数多ある中で一際強い光を発する企業にフォーカスします。先頭に立って企業を動かす経営者の人となりを浮き彫りにすべく、これまで歩んできたその人生の軌跡から、経営者としての信念、将来に向けての展望までじっくりと伺い、発信します。

匠 技を極めた匠

磨き上げた熟練の技を信じ、全身全霊で仕事に打ち込む人たち――匠。研鑽に終わりはなく、技を極めんとする高い志を以てひたむきに歩むその姿には、独自の矜持が窺えます。製造業や建設業をはじめとして、匠たちが生きる業界には大きな時代の潮流が訪れている。そうした中で如何に生きるか、匠たちの生の声を訊きます。

巻頭特集

8 **新規事業を成功に導くコンセプト「PMF」とは**

Masters Current Topics

12 食品ロスの削減で注目を集める フードバンクの今

14 特産品、観光名所、すべてが地域資源 地域商社を司令塔に地方が変わる

16 変化する大学図書館の役割

17 HSPとは？ ――特性と向き合い方を知る

医 健やかな日々を支える医療

病はいつ襲ってくるかわからない——だからこそ人は誰しも不安を抱えます。そうした人々にとって支えとなってくれるのが、医療人。信頼感をすべて受け止めて献身的な診療にあたっています。人々の健やかな毎日を願い、地域における命と健康を見守り続ける医療のスペシャリストたちに迫ります。

心に寄り添う介護・福祉

4人に1人が65歳以上という超高齢社会を迎える中、実情に即した対応が迫られる高齢者介護。同時に、依然として課題が山積している障がい者福祉。こうした現代の日本にあって、高齢者、障がい者たちが穏やかな日常を過ごせるよう力を尽くす人たちがいます。慈悲深い心で寄り添う介護・福祉事業所の人たちの声を届けます。

EXPERT'S EYE

家庭、職場、地域、学校……人々の生活は、様々なコミュニティとの関わりの上に成り立っています。ただ、その中では自らで解決・対処できない問題が生じることもある。そんな時、専門的な視点で現実を見つめ、選ぶべき道筋を指し示してくれるのが各分野に精通したエキスパートたち。その一人ひとりのポリシーに迫ります。

明日を照らす教育現場

人が人として生きていくために必要となる力。それを学び、育み、糧とするのが教育現場です。教育者が掲げる指導方針はそれぞれ異なりますが、生徒の明るい未来を願う気持ちに変わりはありません。信念・ポリシー・カリキュラムなどを伺い、教育者としての志にふれていきます。

社寺聴聞

政治・経済・社会情勢が目まぐるしく移り変わり、閉塞感が漂う現代社会。心の豊かさはなおざりにされてはいないでしょうか。そうした今という時代にあって、訪れるだけで心が和む拠り所——それが社寺仏閣です。地域の人たちの営みを見守り、真の豊かさとは何かを気づかせてくれる、神職・僧職の言葉を伝えます。

逸店探訪

独自のこだわりによって魅力を放ち、地域に彩りを添える飲食店、販売店、サロン——そんな逸店の素顔にふれます。訪れるのは、長年親しまれる老舗、連日賑わいを見せる人気店、知る人ぞ知る隠れた名店など、多種多様。人々を魅了してやまないそれぞれの魅力を探ります。

Column

68 崩壊していく日常——セルフ・ネグレクト

70 多方面での活躍が期待できる 微生物の持つ優れた力

72 ゼロ災害の現場を目指す 危険予知（KY）活動

73 ウイスキーは嗜好品か投資商品か ——手に入らなくなった「山崎」

editor's pick up

114 health：動物が人に癒しを、活力を与える

115 life：風呂で家族の絆を深める “親子入浴”のすすめ

116 The Call of Muse.：テート美術館展 光 —ターナー、印象派から現代へ

118 ism：食

movie review

120 モナ・リザ アンド ザ ブラッドムーン

121 私がやりました

3 Introduction

122 編集後記

特別企画：地域に生きる

MASTERS SPECIAL INTERVIEW

㈱女性開花社
／花開くアカデミー（大阪府）…… 20・42

㈱テミス（愛知県）…… 22・44

企業は人なり～その人物像を探る

㈱クリエイティブエイト（神奈川県）…… 24・46

合同会社 Re'make（東京都）…… 28・52

㈱ 88（広島県）…… 29・54

■千葉県
㈱つむぎ福祉ハーネス…… 37・84
GoConstruction ㈱ …… 112

■東京都
㈱ TAKUMI …… 33・76
デザインで㈱…… 90
㈲藤幸設備…… 96
㈱ fando
／彩虹 Labo …… 106
㈱オオコシセキュリティコンサルタンツ… 107
㈱梶田建設…… 113

■神奈川県
㈱石井ファーム
／葉山マルシェ…… 88
㈱重田仮設…… 98
㈱美装建…… 99
オーパス・エンタープライズ㈱
／オーパス薬局 宮崎台店 …… 102
㈱菜の香
／ケアサービス菜の香…… 103
㈱弘商…… 110
㈲フェニックス…… 110
一般社団法人 エミリケアアシスタンス… 111
世界一周バル どうでしょう …… 112
㈱潮若丸…… 113

■愛知県・三重県
東海西建設㈱…… 36・82
ミサカ不動産㈱…… 93
㈱友進…… 94
Ts プランニング 合同会社…… 100
㈱ LULICA
／就労継続支援 B 型事業所 花名～はんな～… 106
㈱弘進工業…… 108
HOCKER …… 112

匠　技を極めた匠

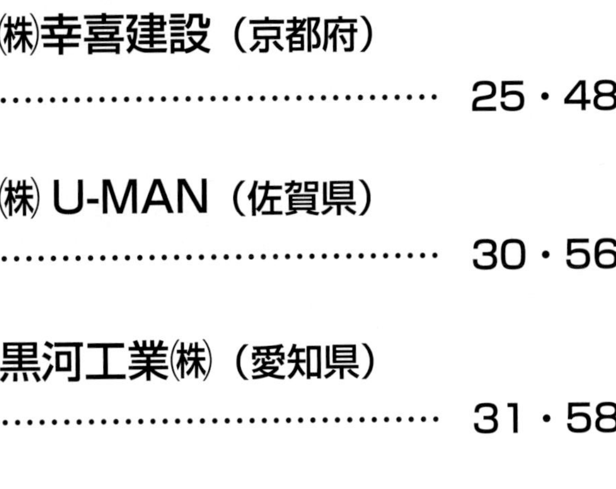

㈱幸喜建設（京都府）……… 25・48

㈱ U-MAN（佐賀県）……… 30・56

黒河工業㈱（愛知県）……… 31・58

医　健やかな日々を支える医療

㈲チープ薬局（大阪府）……… 64

心　心に寄り添う介護・福祉

あやケアサポート㈱
／あやトラベルサポート（東京都）……… 26・50

合同会社 ベネフィシャル・ケア
／茶話本舗 デイサービス南庄
／デイサービス 花心（福岡県）……… 32・60

重症心身障がい児特化型
放課後デイ Granny 平塚
／合同会社 ウォームハンズ（神奈川県）……… 66

■京都府

㈱ノーツセキュリティ……… 35・80
ウメダ㈱
／ Bet ween CIRCUIT ……… 92
㈱現代の寺子屋……… 107
社会福祉法人 京都ハチの会 ……… 111
味処 あじげん ……… 113

■大阪府・兵庫県

㈱Nプロジェクト ……… 34・78
㈲ソウシン……… 86
㈲ワンズ……… 91
源翔㈱……… 95
㈱プログレス……… 97
たけのこどもクリニック……… 101
Shotengai ㈱ ……… 110
ケーツー㈱……… 110
アローパーソナルサービス㈱
／グループホーム・ラパス……… 111
㈱オネスト……… 112
M's.Life ㈲ ……… 113

■佐賀県

㈱音楽の畑
／ヘルパーステーション ゆかりん
／占いといやしのゆかりんカフェ… 104
㈱つながり
／つながり保育園
／ふれあい保育園……… 105
大硝産業㈱
／障害者就労継続支援Ｂ型事業所 えがお… 111

Masters Special Issue

Product Market Fit

新規事業を成功に導くコンセプト「PMF」とは

PMFとは、「プロダクト・マーケット・フィット」の頭文字を取った略語である。創業から短期間での急成長を目指す米国スタートアップ企業の用語として登場したコンセプトであるが、そこには30%以下とも言われる国内企業の新規事業の成功率をアップさせるヒントがある。本稿ではPMFを紹介するとともに、新規事業開発に役立てられるポイントを考察する。

調査で浮き彫りになる新規事業の難しさ

昨今、規模や業種を問わず、多くの企業が新規事業に取り組んでいる。その内容は、新しい商品やサービスを開発するものがあれば、既存商品の新たな市場を模索するものもある。企業によって取り組み方や目的は様々であるが、共通しているのは「現状のままではいけない」という問題意識ではないだろうか。

「新規事業」という言葉には、夢や憧れに似た響きがある。社長からの期待、選りすぐりのメンバー、企業の命運を握るプロジェクト――若手社員の中にも「いつかは新規事業の開発に携わりたい」という希望を持つ者は多い。

しかし、現実は厳しい。2017年の「中小企業白書」によれば、「新事業展開に成功した」と回答した企業は全体の約28.6%である（表1）。もっとも、本調査は「成功」の基準が明らかにされておらず、またどの程度時間が経過してからの評価かも不明であることから、回答はいわゆる「肌感覚」によると思われる。それにしても「成功した」の回答が30%にも満たないのは少々寂しいのではないだろうか。

『パーソル総合研究所』の「新規事業開発に関する調査」は、従業員数300名以上の企業で自社の新規事業開発を専任または兼務している担当者を対象に行われた。その中の「新事業開発の成功度」についての質問には、「非常に成功している」と「どちらかというと成功している」の回答者が合わせて30.6%であった（表2）。奇しくも中小企業白書に近い数字が表れている。

もう一つ、『アビームコンサルティング』の「新規事業の実態調査」も紹介しよう。こちらは売上規模200億円以上の有力企業を対象にしたもので、新規事業のコンセプト創造をスタート、中核事業化をゴールとして各フェーズにおける各社の回答状況をまとめている。これによると、新規事業の取り組みが始まってから実際に立ち上げに至った企業が45%、単年黒字化を果たした企業が17%、中核事業化に至った企業が4%であった。

単年黒字化をとりあえずの「成功」とするならば成功率は17%となり、前出の2つの調査よりもさらに厳しい結果となっている。多種多様な取り組みがあるはずの「新規事業」を一括りにしている点などを考慮すれば、これらの調査を単純に比較するのは危険ではある。とはいえ現状、新規事業が「モノになる」可能性はおしなべて高くないとは言えそうだ。

新規事業の成功を阻むものは何か

新規事業の成功率を上げるためには、失敗の原因を知らねばならない。失敗の原因についてもいくつかの調査はあるが、大きくは

1. 社内の組織マネジメント上の問題
2. 資金の問題
3. マーケティングの問題

に要約することが可能だ。

組織マネジメント上の問題で最も象徴的なものは「人材不足」であろう。例えば、「新規事業を推進するにふさわしい技術、スキルを持った人材がいなかった」というもの。社内の連携という観点からは「社内の関係部署とのやり取りが上手くいかなかった」「意思決定スピードが遅かった」という回答もある。「担当者が新規事業専任ではなかったので通常の仕事を優先してしまった」という事象は、中小企業によく見られる頓挫の理由である。「会社の命運を握るプロジェクト」などと銘打たれながら、本業の片手間で取り組まされたのでは社員もモチベーションが上がらず、真剣に取り組むだけの時間的余裕もないだろう。

「資金不足」も根は同じかもしれないが、これらは企業としての取り組みの甘さ、見通しの甘さに他ならない。議論ばかりして何も進まないのは問題であるが、深く考えず「とりあえず」進めてもやはり行き詰るという、当然といえば当然の帰結と言えよう。

3つ目のマーケティングの問題は、「市場調査が十分でなかった」「売れるものよりも作りたいものを作ってしまった」といったものだ。本稿ではこの問題を詳しく論じたい。これらは技術的な問題であり、しっかりした思考の基軸を持っていなければ、取り組みの姿勢や心掛けを改善するだけではどうにもならないからだ。ここで昨今クローズアップされているのが、「PMF＝プロダクト・マーケット・フィット」である。

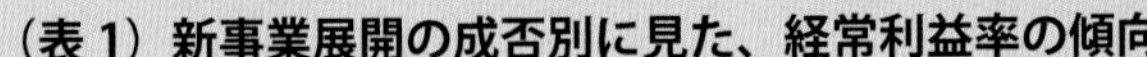
(表 1) 新事業展開の成否別に見た、経常利益率の傾向

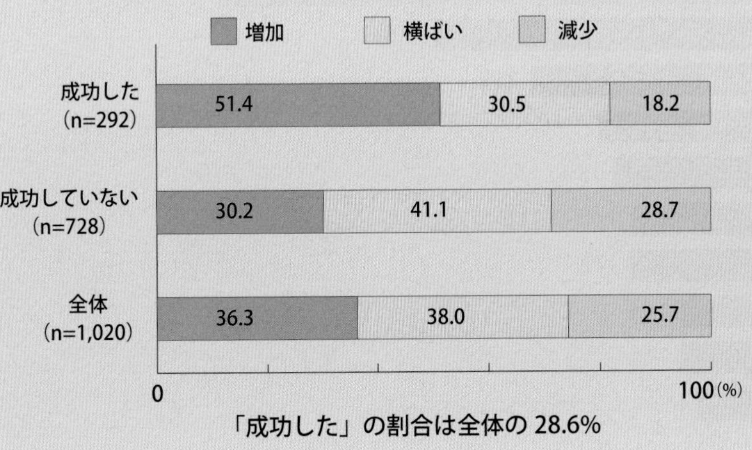

「成功した」の割合は全体の 28.6%

(表 2) 新規事業開発の成功度

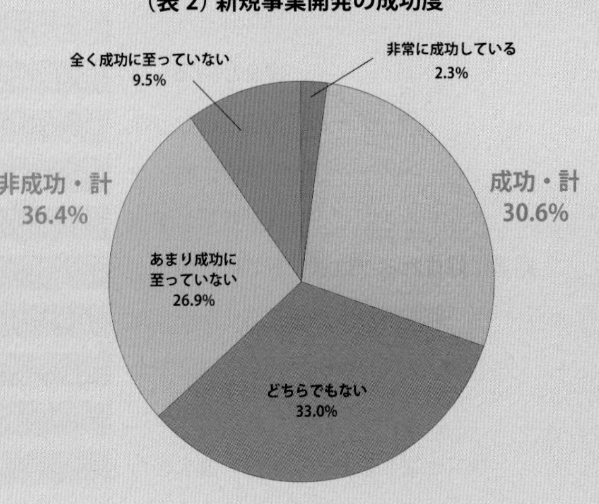

エンジニア出身の投資家が発案した「PMF」

PMFは米国のベンチャーキャピタル『アンドリーセン・ホロウィッツ』の創業者であるマーク・アンドリーセン氏が発案者と言われる。アンドリーセン氏はもともとインターネットの技術者で、Webブラウザ「モザイク」や「ネットスケープ・ナビゲーター」の開発者でもあると聞けば、ネット揺籃期からのユーザーは懐かしさとともにその名を思い出すかもしれない。

アンドリーセン氏はその後も技術者としてネット企業の役員を務めるなどしていたが、2009年にベンチャーキャピタル『アンドリーセン・ホロウィッツ』を共同で設立、「スーパーエンジェル投資家」として、まだ海のものとも山のものとも知れない新興企業の中から成長企業を見抜いて投資している。もともと腕利きのエンジニアであるアンドリーセン氏はハイテク企業に対する慧眼の持ち主で、同社が投資した『Facebook』(現『Meta』、実名制のSNSプラットフォーム)、『Slack』(業務用コミュニケーションツール)、『Airbnb』(宿泊スペースのオンライン市場) 等のハイテク企業は今や世界的に影響力を持つ存在となっている。そのアンドリーセン氏が新興企業や新事業を見極める際に最も重視していることが、PMFに達するポテンシャルがあるかどうかなのだ。

PMFを「製品が市場に適合していること」と文字通りに訳してしまうと「何を当り前のことを」と思われそうであるが、「スタートアップの撤退要因」の調査の最たるものが「市場が存在しなかった」であることを見れば (次頁表3)、決して「当り前」ではないことが分かる。多くの企業、プロジェクトが「新事

業を立ち上げる」ことに夢中になって市場を軽視してしまうのは珍しいことではなく、むしろ陥りやすい罠である。しかし、「やってみなければ分からない」というある種の「ロマン」を原動力とする新規事業開発の「やった結果分かったこと」が「市場が存在しなかった」では目も当てられない。

PMF の啓発に尽力している『才流』の代表者・栗原康太氏は、著書『新規事業を成功させる PMF の教科書』の中で、PMF を次のように定義している。それが「顧客のニーズを満たす商品で、正しい市場（潜在的な顧客がたくさんいる市場）にいること」である。この状態をさらに具体的にイメージできるように、栗原氏は多数の具体例を挙げている。何点かを紹介すると、「顧客からの問い合わせが殺到する」「顧客からの機能要望に商品開発が追い付かない」「事業の成長に採用が追い付かない」……。つまりは、市場に出した商品が大ヒットし、社内で嬉しい悲鳴が上がっている状態と言えよう。どうすれば、このような状態を実現できるのであろうか。

PMF に至るまでのプロセス

栗原氏は、新規事業が PMF に至るまでのフェーズを 4 段階に分類している。それぞれのフェーズにおいて企業がなすべきことをあわせて紹介したい。

1. Customer/Problem Fit

狙う顧客を定め、顧客の深い課題を見つける。そのためには顧客インタビューを 50 回、顧客の職場訪問を 100 回はするべし。また、顧客の行動を 500 枚以上写真撮影し、写真の意味を自らの言葉で説明できるようになれば、ある程度は顧客を理解したと言えるだろう。自ら顧客と同じ体験をして課題を探ることが必要。さらに課題を解決できる類似品や競合製品を売ってみると「足りないもの」の輪郭がさらに明確になる。とにかく、顧客の課題を理解するための時間や苦労を惜しんではならない。なお、ここで取り上げるべき課題とは、「解決できたらいいな」というレベルではなく、「本当に、今すぐ解決したい喫緊の課題」である。

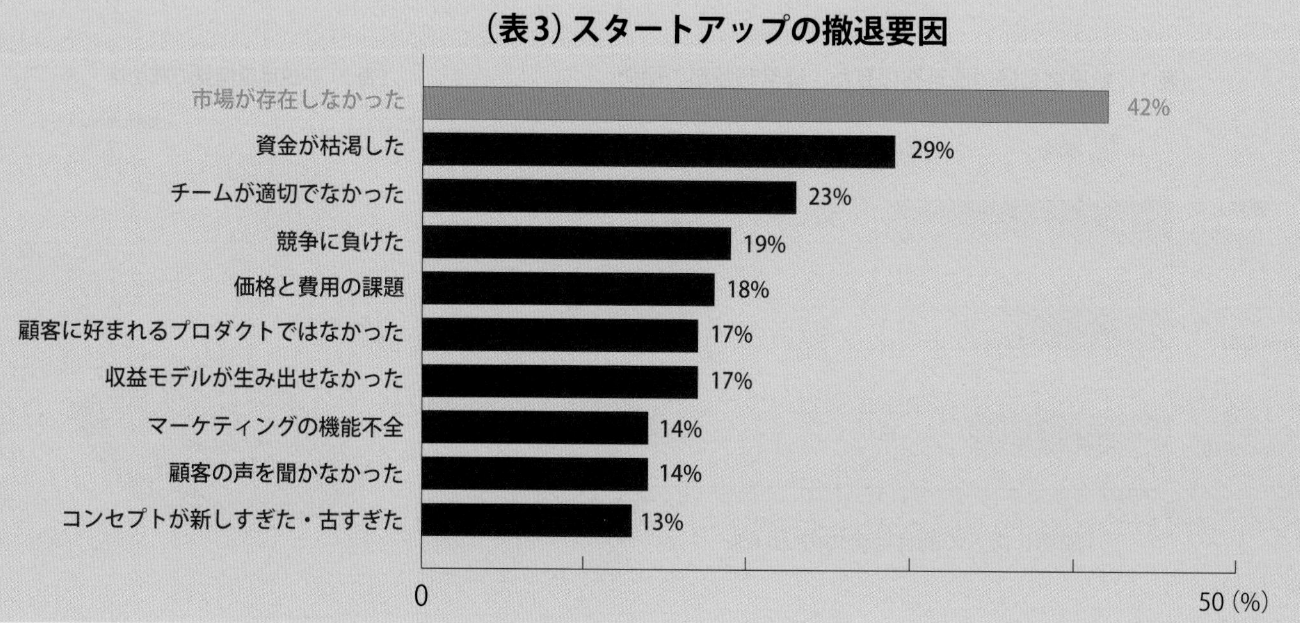

2. Problem/Solution Fit

その課題は、顧客がお金を払ってでも解決してほしいものかどうかを確認する。方法としては、まだ製品は生まれていないので、自らの手で顧客が望む結果を提供してみる。例えば、デリバリーサービスであれば提供者が自ら顧客のもとに希望する商品を運び、それに対して顧客が喜んでお金を払いたいと思うかどうかを自分の目で確かめる。そうでなければ実現しても「売れない」商品・サービスになる可能性が高い。

3. Solution/Product Fit

顧客が「お金を払ってでも得たい結果」をもたらす商品・サービスを実際に作り始める。この段階でエンジニアや生産設備、外注するなら製作業者が必要になる。商品・サービスを実際に作りながら、営業方法についても検討する。もちろんこの段階でも顧客との対話を止めてはならない。

4. Product/Market Fit

スケール（規模の拡大）できる商品・サービスを世に出して、価格とともに本当にスケールするほどの市場があるのかを見極める。顧客からフィードバックをもらって製品をどんどん改良する。顧客が気に入る機能を磨いていきながら、ビジネスモデルやチャネルを検証する。

現代はインターネットによって机上で膨大な情報を収集できる。しかし、体験の伴わない知識はアウトプットを「薄っぺらい」ものにしてしまいかねない。現代の商品・サービスは顧客の手間や時間を軽減するものが多いが、それを実現するためにはまず提供者が顧客と同じ不便を体験するべきだ。それが無理でも、せめて顧客の声を直接聞くべきであろう。口コミサイトを閲覧しただけで、顧客の本音を理解したような気になってはいけない。顧客を理解するとは、そういうことである。

さて、4段階のフェーズに沿って行動すれば確実にPMFに至るだろうか？それは分からない。しかし、PMFを実現した商品やサービスの陰にはすべからく手間暇を惜しまない提供者の努力がある。PMFに近道はないのである。

PMFの実例
運用型テレビCMサービス『ノバセル』

『ノバセル』は、『ラクスル』が提供するテレビCMサービスだ。「運用型」を謳うこのサービスは、デジタルマーケティングの手法をテレビCMと融合させ、広告効果を可視化したものである。ビデオパッケージを「作ったら流すだけ」であったテレビCMの効果を測定・分析する画期的なサービスと言えよう。

『ノバセル』誕生のきっかけは、印刷・広告サービスを提供する『ラクスル』自体がテレビCMを利用して急成長した実体験に基づく。つまり、自社業務がそのまま顧客体験となっており、社長の田部正樹氏はテレビCMに対して感じた「属人性が高く非効率」というデメリットを解決すれば大きなビジネスになるという確信を持っていた。つまり、Customer/Problem FitからProblem/Solution Fitが同時進行していたのである。そして、まだ『ノバセル』が完成していない段階で、田部社長自ら年間500件の商談をこなしたという。もちろん「テレビCMの可視化というコンセプトが受け入れられるかどうかを検証するためであったが、売るものがないのに商談を通じて数億円の売上が立ってしまったというから驚きだ。

『ノバセル』が形になったら、まず無償で数社にサービス提供を行った。実際に利用してもらいフィードバックを得て、課金できるプロダクトにまで磨きをかけたのである。Solution/Product Fitの手順もしっかりと踏んでいる。

田部社長は、『ノバセル』のコンセプトをプロダクトに落とし込む際、「What（何を）」と「Who（誰に）」を重視したという。『ノバセル』の「What」は「テレビCMの成功の秘訣を伝える事」、「Who」は「テレビCMを初めて制作・出稿する層」と定められた。テレビCMといえば「大手企業が大手広告代理店と組んで作るもの」と思われていたが、これまで顧客と思われていなかった「初めてのテレビCM層」をターゲットにしたのである。

目論見通り、『ノバセル』は「初めてのCM層」を相手にPMFを実現するが、その層は何度もリピートしてCMを出すことがないので業績の伸長は限定的にならざるを得ない。そこで改めて「テレビCM2回目層」を「Who」に再設定した。過去にテレビCMで失敗した企業に営業をかけ、なぜ失敗したのかを説明し、再挑戦を促したのである。

田部社長の言を借りれば、「PMFは結果論。大事なのは、改善を繰り返すこと。ターゲットに自分たちが選ばれる優位のポイントを見つけ切ることができたら、マーケットフィットしたということ」。そのために必要なものは「顧客の一次情報」だという。このような、あくまで顧客から視線を逸らさない姿勢こそが同社の一番の強みではないだろうか。

どのくらい時間をかければ
PMFに至るのか

PMFに到達するまでの期間は、極めて流動的である。各フェーズにどのくらいの時間をかければいいのか、適正な努力をすれば何ヵ月後にPMFに辿り着くのか、それは誰にも分からない。なかなかPMFが実現しない場合、途中で資金が尽きたりメンバーが離脱したりする可能性もあるだろう。ゴールの方向は分かるがそこに至るまでの距離が分からない点は、新規事業担当者の心理的な負担になるのは間違いない。そのような場合は、組織として担当者にプレッシャーをかけ過ぎないなどの気配りをする必要があるだろう。

最後に一つ、新規事業ではないがお茶の間でPMFと言ってもいい事象を目撃したので報告したい。「とにかく明るい安村」氏である。小太りの体にビキニパンツ1枚で舞台に現れ、様々な「全裸に見えるポーズ」を見せるお笑い芸人だ。彼の決めゼリフ「安心してください、履いていますよ」は2015年の『ユーキャン新語・流行語大賞』のトップ10に選出されるほどのインパクトであったが、その後テレビ等の露出は減るばかり。いわゆる「一発屋」として消えたかの印象すらあった。

しかし、今春突如英国のオーディション番組に出演して大爆笑を獲得。日本人として初めて決勝戦に進出するという快進撃を見せた。やっていることは日本とまったく同じである。しかし、市場を英国に移しただけで本人いわく「日本でも経験がない」ほどの大喝采を浴びたのだ。あくまで結果論ではあるが、英国以外からも出演オファーがあるなど「顧客からの問い合わせが殺到する」というPMFのサインはしっかりと確認できた。

※※※

PMFは何年も時間をかけて突然爆発することがある。ターゲット顧客を見直す、市場を変えてみるという試みは前出『ノバセル』の例にもあったように有力なトリガーとなり得る。企業の新規事業担当者は安村氏に学ぶところがあるのではないかと真剣に考えているのだが、どうだろうか。

参考HP：

・【株式会社才流公式サイト】https://sairu.co.jp/
・【FoundX Review PMFに到るまでのスタートアップのステージ別指針集】https://review.foundx.jp/
・中小企業庁委託「中小企業の成長に向けた事業戦略等に関する調査」
・「START UP 優れた起業家は何を考え、どう行動したか」(News Picsパブリッシング)　他

食品ロスの削減で注目を集める

フードバンクの今

まだ食べられるのに不要となり廃棄される食品を集めて、生活困窮者や福祉施設などに無償で再分配する活動「フードバンク」。この活動が今、食品ロスの削減につながるとして注目を集めている。本稿では、フードバンクの仕組みや、食料品の寄贈先、受け取る人々が直面している問題などを考察する。

世界で広まり続けるフードバンク

あなたは、「フードバンク」をご存じだろうか。フードバンクとは、その名の通り“食料銀行”を意味する社会福祉活動のこと。まだ食べられるのに様々な理由から廃棄処分されてしまう食品を、日々の食べ物に困っている人々や施設に提供する活動や、その活動を行う団体を指す。

この活動は1967年にアメリカで始まり、世界中に広まっていった。日本では東京に拠点を置く『セカンドハーベスト・ジャパン』が2002年に活動を開始したのが最初と言われている。近年問題視されている食品ロスの削減にもつながる活動として注目を集めており、団体数は年々増加傾向にある。農林水産省が2019年に行った調査によれば、国内でフードバンク活動に取り組む団体は140以上、44都道府県で各1団体以上が活動していると見られている（図1参照）。

個人・法人を問わず食料品の寄贈は可能

フードバンクに集められる食料品は、基本的には法人や個人から寄贈されたものだ。寄贈者が法人ならば、やはり食品関連事業者が多い。農林水産省の調査によると、フードバンクに食料品を寄贈している食品関連事業者の割合を高い順から業種別に挙げるとすれば、農家を筆頭に、製造業者、小売業者、生協、卸売業と続く。食品関連事業者以外にも、一般企業が会社で備蓄している防災食品の買い替えの際、まだ賞味期限の残った防災食品の活用方法の一つとして、フードバンクに寄贈することがある。

法人の寄贈の一般的な手順は、まずフードバンクへ寄贈の申し込みをした後、食品の取り扱いに関する合意書を締結。それからフードバンクへ食品を受け渡し、フードバンクが食品を必要とする人々に配布していくという流れだ。

個人からの寄贈においては、フードバンクに直接食品を持ち込む以外にも方法がある。それは「フードドライブ」というイベントに参加する方法だ。このイベントはフードバンクからノウハウを教わった行政や企業、学校などが主催することが多い。個人は家庭で余っている食料品を活動の会場である職場や学校に持ち寄り、そこに集まった食料品を主催者がまとめて地域の福祉団体や施設、フードバンクに寄贈する。

フードドライブからの食料品寄贈は、食品提供全体の中で最も多くの割合を占めることが分かっている。

どんな食料品が寄贈されているか

こうして集まってくる食料品は、まだまだ食べられるのに、理由があって廃棄処分が決まったものだということは冒頭で述べた通り。では、廃棄処分となる理由は、どういったものがあるのか。その一部を紹介すると、缶詰のへこみや段ボール箱の破損などの「包装状況の問題」。賞味期限の印字不備、法律で定められた表記事項の誤りなど「規格外品など表示ミスの問題」。「期間限定商品で売れ残ってしまった在庫の問題」。野菜の収穫が予想外に多かったなど「予定外の生産や不良品の問題」。展示会・イベント・試食・サンプリング・スポーツ大会などで飲食品が余ったといった「催事用食品の問題」……。

理由を聞くと「そんな些細な理由で勿体ないことを」と感じる方もいるかもし

【図 1】フードバンクに取り組む団体の活動地域

※調査は 142 団体に依頼し、回答数は 116 団体

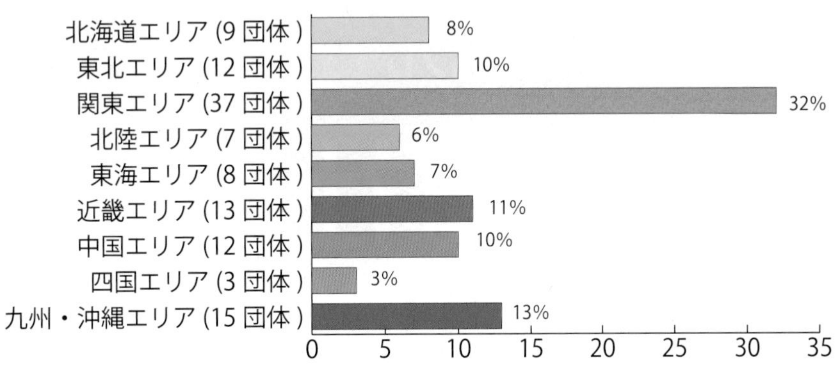

参考：平成 31 年度 持続可能な循環資源活用総合対策事業
フードバンク実態調査事業（農林水産省）

【図 2】フードバンクに寄付できる食品、できない食品

寄付を受け付けられる食品	寄付を受け付けられない食品
＊缶詰など加工食品全般 ＊野菜や果物など生鮮食品 ＊（賞味期限の近い）防災備蓄品 ＊米やパンなどの穀物 ＊冷凍食品 …etc.	＊お弁当やサンドウィッチ →販売期限と賞費期限の間隔が短かすぎて配送できないため ＊食べ残しの食品 →衛生上の問題があるため ＊賞味期限が切れた食品や賞味期限の記載のない食品 →安全上の問題があるため …etc.

参考：セカンドハーベスト・ジャパン HP

れないが、実際に多くの食料品がこうした事情から廃棄処分にされている。

ただし、これらの理由から寄贈され、集まってくる食料品をフードバンクが全て受け入れているかというと、そうではない。各団体で微妙に違いはあるが、安全性などに配慮した一定の基準が設けられている（図 2 参照）。

『セカンド・ハーベストジャパン』では特に必要としている食料品として、缶詰、フリーズドライ食品、インスタント食品、レトルト食品、ギフトパック（お歳暮、お中元といった贈答品の余剰など）、調味料、飲料、お米、パスタなどを挙げている。いずれもある程度保存がきくものである理由を同法人は「本当に食料品を必要としている人々に、必要な分だけ配布するためのマッチングを行っており、その期間に賞味期限が過ぎてしまわないようにするため」と述べている。

寄贈された食料品は どんな人々が受け取るか

集められた食料品は、フードバンクを通じて、これまで児童養護施設の子どもたちや、DV シェルターで暮らす人々、路上生活者などに配布されてきた。しかし、ここ数年で急激に需要が高まっている受取先がある。それは「子ども食堂」「個人支援（受取先は生活困窮者の支援団体や当事者）」「他のフードバンク及びフードバンク全国組織」の 3 つだ。これは現在社会問題となっている子どもの貧困や、非正規雇用などによるワーキングプアが深刻化している証拠だ。さらに受取先の変化は、フードバンクを取り巻く状況や活動の在り方が刻々と変動していることを表している。

自分たちにも できることを探そう

恥ずかしながら、筆者は本稿を書くまでフードバンクの存在を知らなかった。同じように、本稿を読んで「初めてフードバンクの存在を知った」という方も少なくないのではないだろうか。それは、このフードバンクという活動がまだまだ人々に浸透していないことの証左だと言えるだろう。増え続けているフードロス問題はもちろん、食べ物に困っている人々の存在やその原因に関心を持つことは、絶対に必要なことだ。そして食品を寄贈する以外にも、お金の寄付、備品や機材の寄贈、物流や倉庫などの提供による支援、安全運転や食品衛生に関するノウハウ提供による支援など、私たち一人ひとりが関わっていける道を模索することも大切だ。

■

参考 HP：セカンドハーベスト・ジャパン、他

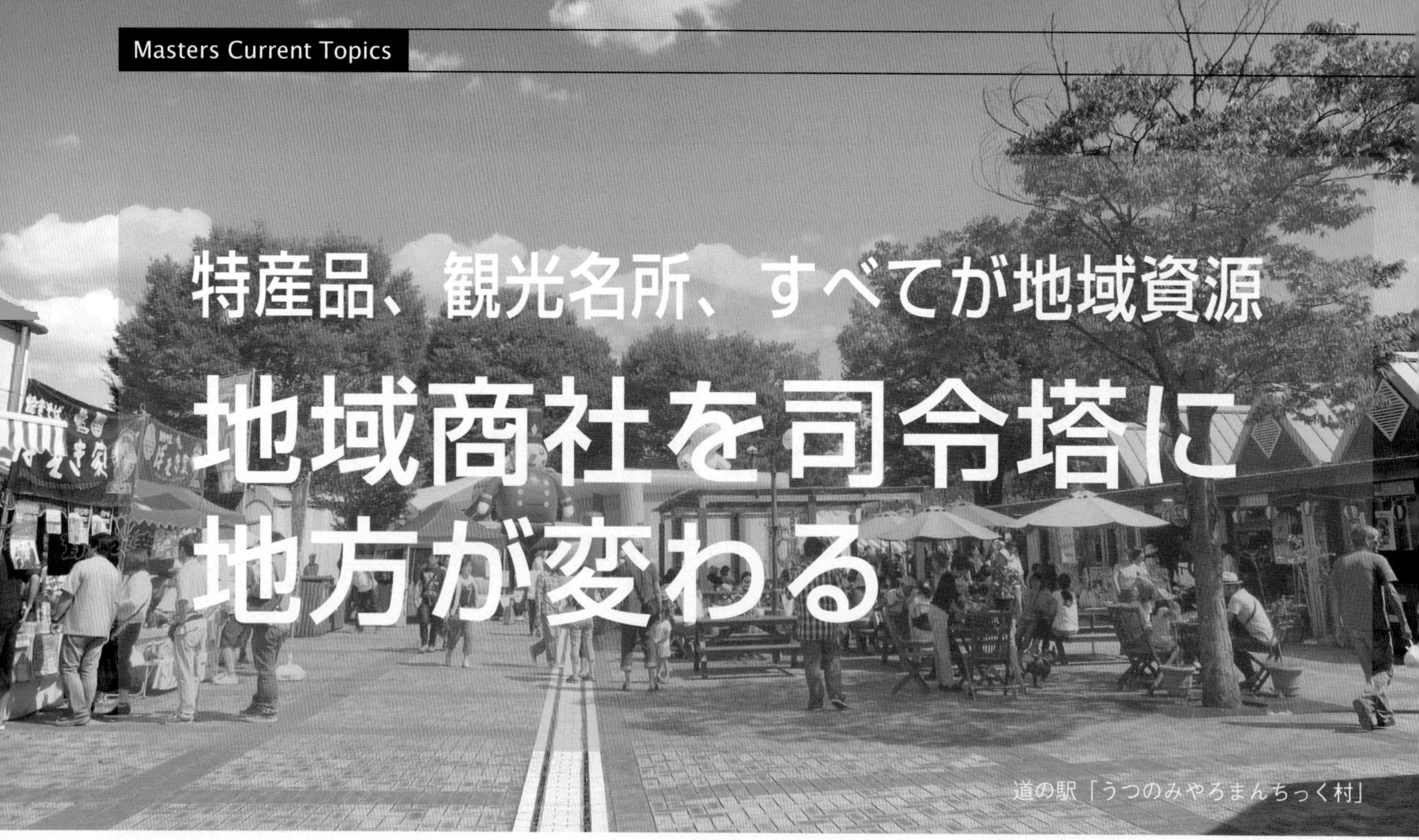

特産品、観光名所、すべてが地域資源
地域商社を司令塔に地方が変わる

道の駅「うつのみやろまんちっく村」

地域資源を収益につなげる「地域商社」

政府は地方創生を掲げ、全国に100社の「地域商社」を設立する目標を掲げ、その取り組みを後押ししている。「地域商社」とは、地方経済を活性化しようと、特産品はもとより、観光資源や技術なども含めて地域の魅力を国内外に売り込む企業や団体だ。地域外から人を呼び込み、地域経済に好循環を生み出すことも目的とする。

これまでも地域産品を取り扱う卸売業者は全国各地にたくさんあった。では、なぜ今、地域商社なのか。地域発信型商品は、高コスト・小ロットである場合が多い。また豊富な農産物を育てられるだけの土壌・環境があっても、流通には馴染みにくい性質があったり、作り手が市場を開拓するノウハウを持っていなかったりと、全国に発信する流通経路・販売ルートを確立するのは容易ではない。また、全国の流通網に地域産品を乗せようとすると、生産者側は安価で大量の商品を安定供給することが求められる。そうしてやっとの想いで流通に乗せられても、流通段階が複雑であるため生産者に入ってくる利益は総じて少ない。ネット通販などを通じた消費者への直販も広がっているが、こちらは販売量が安定しない場合も多いのが現実だ。そこで、農産品や工芸品などの地域に眠る魅力ある産品やサービスの販路を、生産者に代わって新たに開拓し、収益につなげる役割を担うのが、「地域商社」なのだ。市場ニーズを生産者に伝えて商品開発に活かし、観光資源も地域の魅力の一つとして捉えて、地域のブランド力を磨く。ではここで、全国に存在する地域商社の中から幾つか事例を紹介する。

例１：㈱ファーマーズ・フォレスト（宇都宮市）

道の駅や市民農園の総合運営、食と農業を通じた地域活性化の仕組み構築、農産物や地域特産品の総合流通事業、栃木県を知り尽くしたナビゲーターが同地ならではの旅をプロデュースする「えにしトラベル」をはじめとする着地型旅行・ツーリズム事業、宇都宮クラフトビールの醸造販売事業など、その業容は実に幅広い。道の駅「うつのみやろまんちっく村」は、農産品の直売所や体験農園、温泉や宿泊棟まで備え、年間140万人が来場する道の駅。こちらを拠点に、栃木ブランドを内外に発信する。

また、同社は農産品の集配システムをつくり、直営店や首都圏のスーパーにも配送。東京スカイツリー内のアンテナショップなど直営店も運営しており、地域で育まれた農産品の流通システムを確立している。農商工連携で特産品を開発する動きは以前からあったが、販売戦略が未熟だった。そこで、販路を確保してマーケットを起点にローカルブランドを全国に発信することで、栃木県のローガルブランドを広く浸透させることに成功している。また、イチゴやトマトなど栃木の食や観光情報をまとめた通販雑誌「トチギフト」も発行。様々な角度からアプローチして地域振興を進める同社は2007年設立で、「地域商社」の先駆けだ。

例２：北海道総合商事㈱（札幌市）

北海道銀行などの出資で15年10月に設立された同社は、ロシア市場への道内企業の進出を支援する地域商社だ。北海道と気候風土が似ているロシア、北海道ブランドが浸透している中国・ASEAN地域で大きなビジネスチャンスがあることを見込み、地元企業の国際化をサポート。というのも、道内の中堅・中小企業が単独で商品を輸出しようと思っても、ロシア語での書類の作成や通関手続きなどは簡単ではなく、それが海外進出のハードルを上げる。そこで、そうした実務を同社が代行し、市場調査の拠点として活用してもらうという。

また、同社が地域資源として考えるのは、モノに留まらない。寒冷地用野菜ハウスの建設と栽培指導で実績があるホッコウ（札幌市）の協力を得て、ロシアのヤクーツク市にトマトなどをつくる野菜工場も建設した。ヤクーツク市は、厳しい自然環境下にあるため、新鮮な野菜の調達に慢性的に苦しんできた。そんな同地から依頼を受けたホッコウは、北海道で培ってきた寒冷地向けの技術を惜しげもなく投入。ヤクーツク市で野菜栽培に取り組み、初回出荷分の約60kgは即完売するなど、中国産の輸入品の2倍近い価格ながら、地元の主婦らが殺到した。北海道総合商事はウラジオストク市に農産物や加工食品など道産品を中心に販売するアンテナショップも設けており、寒冷地における野菜栽培の技術において北海道が優れていることを知らしめるだけでなく、販売ルートの確立にも成功している。

北海道総合商事の取り組みにおいては、北海道銀行の存在も大きい。同行は09年にユジノサハリンスク、14年にウラジオストクと先手を打って拠点を開設。ハバロフスク市やサハリン州など極東地域の自治体や金融機関など、ロシアにおける業務提携先を複数、確保している。このネットワークを活用し、取引相手となるロシア企業の目利きなど、実務に欠かせない情報の精度を高めている。地元の銀行――北海道銀行がまずロシアに足場を作ることで、顧客の中堅・中小企業、地域商社による取り組みを後押ししているのだ。

例3：㈱KASSE JAPAN（熊本市）

熊本県南部の加工食品や農産物の販路拡大を目指す地域商社だ。九州産業交通ホールディングスがくまもと県南フードバレー推進協議会と連携して、2017年4月に設立した新設企業だ。

熊本県の県南に位置する八代地域、芦北地域、球磨地域では、トマト、イグサ、ショウガ、デコポン、クリ、晩白柚など、全国トップレベルの農産物や、近年生産が拡大しているキャベツ、馬鈴薯などの露地野菜が栽培されている。こうした豊富な農産物・水産物を活かし、食品・バイオなどの研究開発機能や企業を集積させる「フードバレー」の形成を、「フードバレーアグリビジネスセンター」が推進。同センターなどでは、同地域の優れた商品を広く全国で販売していくため、県南地域の知名度向上とブランド化を図っており、「RENGA（レンガ）ブランド」としてギフトボックスやブランド商品の開発を促進している。

『KASSE JAPAN』は、その「RENGAブランド」の商品を福岡県の西鉄ストアや、各種農産物・加工品を九州産交グループのサービスエリア、熊本城城彩苑などの物販施設で販売。トマトやメロン、タマネギ、晩白柚、野菜類、農産加工品を中心に、3年後に年間売上高を7億円まで引き上げることを目標に掲げている。

地域商社同士の連携・共闘

沖縄では、県産品などをアジア中心に輸出する同県の地域商社7社が連携協定を結んでおり、情報交換をしたり、互いに商品を補い合ったりして、単独では難しさも伴う海外展開を共同で進める。連携したのは新垣通商、アンドワン、沖縄県物産公社、沖縄物産企業連合、萌す、ジェイシーシー、BRIDGES。貿易業務の年間売上高は3,000万～21億円と規模は様々。1社だと商品が限られるかもしれないが、7社が集まればラインナップも増える。また、主に肉類を輸出する商社が、取引先からあわせて野菜や調味料を求められる場合に、連携相手の他社から商品を回してもらうことが可能になるのだ。大手デパートでの沖縄フェアに、連携して商品を共同出品するなどの協力体制で臨むこともできる。

※※※

日本全国、優れた商品は山ほどある。また、地域資源というと農産物などの一次産品をイメージしがちだが、北海道総合商事の例からも分かるように、地域で培われた技術も立派な地域資源。しかし、それらの大多数が、人知れず埋もれていくといっても過言ではない。地域資源と消費者がつながっていないからだ。そうした中、地域商社とは、いわば地域資源の市場開拓の司令塔。作り手、観光名所や技術などの地域資源と消費者を結びつける役割を担う。加えて地域商社は、その存在自体で以て雇用を創出できる。たとえば、吉田ふるさと村（島根県雲南市）は、農産加工品の製造販売を柱に宿泊施設や飲食店も運営し、自社農園でタマネギや黒ゴマなども栽培。水道工事や市民バスを運行する部門まであり、従業員数はパートも含めて67人いる。地域活性化のための事業が雇用を生み出す――地域が抱える複数の課題を同時に解決するのも地域商社の良さだ。地域商社を司令塔に、地方が活気づけば、日本経済を押し上げるだろう。

参考資料：日本経済新聞「躍動する『地域商社』」「極寒地でトマト、プロ用手袋…ロシア市場に商機あり」ほか

変化する大学図書館の役割

高等教育機関である大学において、知識・情報が集まる図書館の存在は大きい。近年では図書館に求められる役割は拡張し続けており、大学にとっては学生から選ばれるためのキーポイントになっていると言っても過言ではない。時代に応じた大学図書館の在り方について考察していく。

大学の知の象徴、図書館

学問・研究・教育において重要な役割を担っている大学。文部科学省の「学校基本調査－令和元年度結果の概要－」によると、全国の大学数は令和元年時点で786校にも上る。大学のレベルを数値化する際には入試偏差値が用いられることが多いが、大学図書館の蔵書数（図1参照）も一つの目安だ。“知の拠点”とも言える図書館の充実度こそが、高等教育機関である大学そのものの充実度――だが、大学図書館を巡る環境は年々変化しており、蔵書数＝図書館の充実度と単純には結びつけられなくなっている。

大学図書館の役割が変化

今、若者の情報収集のメインはSNSや動画共有サイトなどであり、紙媒体から情報や知識を得るケースは減ってきている。また、大学教育に関して、学生のより自発的な学習を促すことが重視されている。活字の本をただ大量に並べているだけでは、大学図書館としての役割を充分に果たせる時代ではないのだ。書籍販売大手で全国の大学図書館の環境整備を手掛ける『丸善雄松堂』の高田専務によると、大学図書館が変わり始めたのは十数年前。学生自らが能動的に学ぶアクティブラーニングや、学生の自発的な学習を促すラーニングコモンズの考え方が広まり、図書館に求められる役割が増えていることが背景にある。加えて18歳人口の減少などで大学は年々競争が激化しているため、学生がより魅力を感じる図書館作りを行うことは、学生確保の点でもマストだと言って良い。そんな時代の中、学びの意欲をかき立てる画期的な図書館作りを進めている大学は多い。いくつか例を出したい。

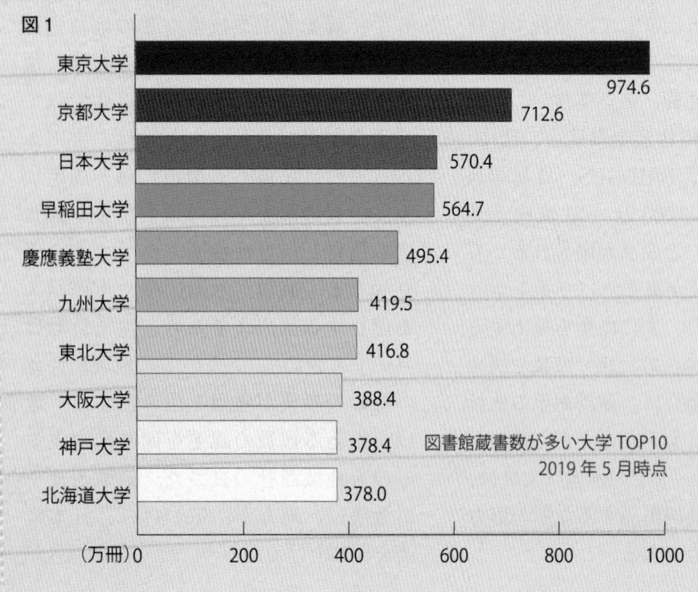

図書館なのに静かじゃない？『千葉大学』附属図書館

『千葉大学』の付属図書館「アカデミック・リンク・センター」はユニークで、「図書館はワイワイガヤガヤの場所」という方針を打ち出している。1階のプレゼンスペースでは30分ほどのミニセミナーを頻繁に開催し、グループワークエリアなどの多人数で学べるスペースを館内に多く設けた。もちろん、静かに学びたい人向けに「静寂閲覧室」というスペースもあり目的に応じて使い分けができる。館長の竹内教授は「あくまで学生の目線で運営していきたい」と強調。読書習慣がなければ図書館に足を運ぶきっかけというのは乏しいものだが、斬新な図書館作りで学生の来館を促している。

『近畿大学』の充実度の高い複合施設

『近畿大学』では2017年に、複合施設「アカデミックシアター」を開設。セミナールームや24時間利用可能な自習室などを併設しており、総投資額は500億円に上るという。特に学生に人気なのは漫画約2万2,000冊を揃えた「ビブリオシアター」だ。好奇心をくすぐるテーマで漫画の特設コーナーを設置し、関連する文学書なども近くに並べることで、学生の興味を一般書に誘導する工夫も見られる。また、同施設2階にはアメリカのニュース専門放送局『CNN』がプロデュースするカフェ「CNN Café」が出店。店内のモニターでは常時CNNのニュースが流れ、学生が気軽に英語に触れられる機会を提供している。

★ ★ ★

今、大学図書館が担うべき役割は“キャンパスの魅力向上”だと言って良いだろう。若者の好奇心を刺激し足を運びたくなるような図書館があることは、そのまま大学全体の魅力につながる。

私（筆者）は、『近畿大学』の「アカデミックシアター」に足を運んだことがあるが、非常に“キャッチー”だと感じた。蔵書の豊かさのみならず、スタイリッシュかつ大規模な施設の存在は、圧倒的に印象に残る。あの施設1つだけで「こんな大学に通いたい」と思わせるキャッチーさがあるのだ。今の学生たちがSNSの動画などから情報収集する世代だからこそ、視覚的・感覚的なインパクトで心を掴むことは大切。図書館の存在一つで、大学の生き残りをも左右する時代が来ているようだ。

HSPとは？
――特性と向き合い方を知る

人よりも敏感で繊細。それ故に物事を深く考えすぎてしまったり、傷つきやすかったりする。HSPはそんな人々の気質を示す心理学分野の用語だ。マイナスなイメージを持たれることも多いが、人の気持ちを理解できる共感力の高さや、僅かな変化にも気づく鋭さがもたらすメリットもたくさんある。本稿では、もしHSPの特徴を持つ人が職場にいると分かった時、どのように接するべきなのかを探る。

● とても敏感な人、HSP

HSPとは“Highly Sensitive Person”の略で、感受性が高く、周囲の環境にとても敏感で繊細な気質を指す言葉である。アメリカの心理学者であるエレイン・アーロン博士が1996年に提唱した。近年SNSなどで話題に上がることも多く、その認知度は高まりつつある。人口の約20%がHSPに当てはまるとされ、人間に限らず、動物や植物にもこういった傾向があるという。その繊細さ故に生きづらさを感じやすいともされるHSP。当事者が身近にいる場合、周囲の人々は彼らとどう向き合っていくべきだろうか。

● HSPの特性

アーロン博士が提唱するHSPの特性は4つ。それぞれの頭文字を取って“DOES”と呼ばれている。

Depth of Processing
＝ものごとを深く考える
・物事を深く掘り下げて考える
・考えすぎて決断や行動に時間がかかる

Overstimulation
＝過剰に刺激を受けやすい
・人混みや大きな音、強い光などに敏感
・親しい相手に対しても気疲れしやすい

Emotional Reactivity and high Empathy
＝感情の反応が強く、共感しやすい
・他人に共感し、一緒に傷ついてしまう
・視線や些細なしぐさで機嫌が分かる

Sensitivity to subtleties
＝些細な刺激に敏感になる
・においや音などの変化にも気が付く
・相手の感情や考えが何となくわかる

以上の4つの特性すべてを満たす人がHSPに該当する、というのがアーロン博士の考えである。ここで注意しておきたいのが、HSPはあくまでも気質であり、病気ではないということだ。その特性からネガティブに捉えられがちであるが、能力を発揮できる環境が整っていれば、メリットとして作用することも多くある。人よりも敏感な分、誰も気がつかないような些細な変化や問題に気づくことができる。また他人の気持ちに深く共感することで、周りの人に優しくできたり、他の人の気持ちを想定することができるのだ。

● 職場での向き合い方

ではHSPの人が職場にいたとして、彼らが能力を最大限発揮できるようにするために、周りの人間はどのようなことを心がければよいのか。

①良い理解者になる
HSPの従業員にとって、周りからすれば大して重要ではない、些細なことが苦痛になる状況を、なかなか理解してもらえないことが大きなストレスにつながっている。まずは彼らの特性を理解し、受け入れることが大切だ。

②穏やかな雰囲気づくり
HSPの特性の1つである共感力の強さは、他人が怒られていても自分が怒られている気になったり、周囲が慌ただしく仕事をしている状況に身を置くだけで、疲弊してしまう状態を引き起こす。そのため、日頃から職場の雰囲気を穏やかに保つことが効果的である。

③考えを否定しない
些細なことに反応してしまい、不安になっている従業員に「気にしすぎ」だと声をかけるのは逆効果。小さなことを気にしてしまう自分の感覚を疑い、自信喪失につながる危険性があるからだ。あくまでも感受性の強さを尊重した上で声をかけることを意識してみてほしい。

④刺激を減らす
人混みや雑音などの刺激に敏感であることを考慮し、刺激の少ない環境を作るというのも、HSPの従業員を助ける大きな要因になる。具体的には一人で作業ができる場所を確保したり、ノイズを減らすためにイヤホンの使用を許可したりなどがある。また満員電車を避けるため時差出勤の導入や、テレワーク環境も積極的に整えたい。

⑤得意な仕事をやってもらう
HSPの従業員はひとつの仕事に集中して丁寧に仕上げることを得意としている。反対にマルチタスクが苦手な傾向があるため、できるだけ一つのことに集中できる形で仕事を割り振ってあげるのが良いだろう。

● 知ることから始める

HSPと一言で言っても、どんな刺激に敏感なのかやその程度は個人差が非常に大きい。そのため、一人ひとりに合わせた対応が必要になってくる。どのような環境を作っていくべきかを知るためにも、最初の一歩として相互理解とそのための丁寧な対話を大切にしていきたい。

様々な業界で、その道を究めんとするマスターたち。
本誌記者がその中でも、ひときわ強い輝きを感じた人々を
日本経済の未来を創るであろう「Key person」として紹介する。

Key
person
—Selection of "Masters"

jyoseikaika

株式会社 女性開花社／花開くアカデミー

会社概要

代表取締役	：	松尾 美佳子
所在地	：	大阪府大阪市都島区友渕町 3-6-18-407
連絡先	：	TEL：06-6923-2275 ／ Mail：info@jyoseikaikasya.com（代表）
事業内容	：	女性起業家を対象としたビジネススクール『花開くアカデミー』
設立	：	2021年1月27日
取引銀行	：	GMO あおぞらネット銀行 法人営業部
主な取引先	：	株式会社 Happy Sweets Japan 株式会社 wrapped ピンポイントデザイン 株式会社

HP

Instagram

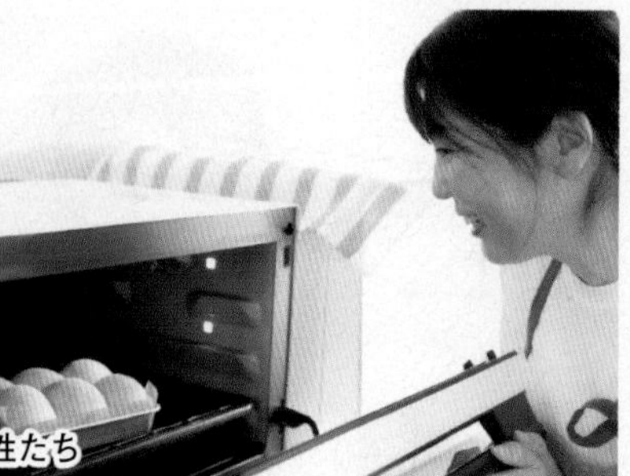
お菓子・パン・料理教室を仕事に自立する女性たち

お菓子教室に科学の要素を採り入れた
子どもの知的好奇心を伸ばすサイエンスお菓子教室

「一度きりの人生、やり甲斐のある仕事に思い切ってチャレンジしたい」
「成功して、キラキラと光り輝く女性起業家になりたい」

そんな夢を持ち、本気でベストを尽くせる女性のためのアカデミーです。
特にWEB集客の実力をつけて、ご自身の事業を成功させたい女性に必要なサポートをご用意しています。
プログラムの全てが、女性の特性を踏まえた内容になっていますので、
女性専用のオンラインビジネスアカデミーになります。

コロナ以降の新しいレッスンスタイル zoom オンラインレッスン

生徒の方々との勉強会にて。お菓子やパンの教室を主催して成功している人や、現在は講師として活躍している人も多い

地域も国境も越えてたくさんの人にレッスンを届ける
オンラインレッスンは今の稼げるレッスンスタイル

生徒の皆さんが作ったパン・お菓子・料理など

Key Person

㈱女性開花社　代表取締役
花開くアカデミー 校長

まつお　みかこ

お菓子・パン・料理といった教室の運営サポートを行っているまつお社長。
女性に特化しビジネスとして成り立たせる視点で手掛けている点で、他と一線を画する。
お菓子作りなどは、女性のクリエイティブ性を発揮しやすい分野だ。
本人ですら気づいていない潜在能力を引き出して伸ばし、
SNSによるマーケティングを活用すれば、驚くほどの力を発揮する可能性がある――
そのプロデュースをし幸福な人生を応援するのが社長の役割であり、
自身も女性たちのポテンシャルを開花させることに何よりの喜びを感じるという。
社長が歩む道は、多くの女性たちの満開の花のような笑顔で彩られている。

（対談記事は42～43頁に掲載）

「女性の潜在能力を開花させて、自立と幸福の実現を応援したいんです」

花

不動産業は衣・食・住の“住”を支える仕事であり、
人々の生活に欠かせない仕事だ。
だからこそ人を深く理解し、人を思いやれる人物こそが、
不動産会社の経営を担うべきではないだろうか。
『テミス』の伊藤社長はかつて最愛の人を亡くした経験を持つ。
大きな悲劇に心が折れそうになった時、
その歩みを支えてくれたのは、家族や周囲の仲間など「人」だった。
人に支えられ、その存在を原動力に変えて、
不動産事業を継続してきた社長。
人の大切さを誰より知っているからこそ、
人を思い、その人生に寄り添う不動産事業を今後も続けていく。

（対談記事は 44 ～ 45 頁に掲載）

人

「“人”に支えられたからこそ、今度は私が“人”を支えたい」

㈱クリエイティブエイト　代表取締役専務

金城 憲人

水処理事業を中心に多角的に事業を展開する『クリエイティブエイト』。
同社の金城専務は常に失敗を恐れずに様々な事業に挑戦してきた人物だ。
リスクを考えると、新たな事業を始めるのは簡単なことではないだろう。
しかし、専務は確かな判断力と決断力で冷静に事業の将来性を見極め、
その経営手腕の高さで業容拡大を成功させてきた。
今後もより一層の発展を見据えて、挑戦を楽しむ専務。
その絶えることのない推進力で以て険しい道も切り拓いていき、
同社をさらなる高みへ導いていくことだろう。

（対談記事は 46 ～ 47 頁に掲載）

挑

「失敗を恐れず常に新しいことに挑戦し、スタッフと共にさらなる高みへ上りたいです」

㈱幸喜建設　代表取締役

吉仲 健

普段から前向きに物事を捉えること、
そして大変なこともあるからこそ、自分自身が楽しむ気持ちを大切に
日々仕事に向き合っているという吉仲社長。
建設業界に入り直向きに歩んでくる中で、多くの人々が社長に目を掛けたのも、
社長自身が発するプラスのエネルギーに惹かれたからではないだろうか。
そうして育まれたご縁から前勤務先の事業を引継ぎ、新たなスタートを切った今――
沢山の出会いに感謝しながら、柔軟な姿勢で顧客のニーズに応えている社長は、
これからさらに多くの信頼と人望を勝ち得ていくに違いない。

（対談記事は 48 ～ 49 頁に掲載）

縁

「多くの方々に支えていただいて今がある――感謝とともに、ご縁の大切さを痛感しています」

あやケアサポート㈱　代表取締役

小西　亜矢子

バスガイドが天職だったと明言し、介護タクシー利用者が外出先や旅先で見せる笑顔が活力。
そんな小西社長は、自身の人生も旅に喩える。
昨日から今日、今日から明日——決して留まることはできない。
旅中で出会う一人ひとりとの関わりによって、人生は深みを増していく。
それは、夫であり、友人であり、事業を通じて出会う利用者でもある。
「地縁や友愛を大切に、支え合い、歩いていきたい」と考えるご主人という人生の伴侶を得て、
「人生という旅を夫婦で、そして周囲の人々と楽しみたい」と笑みを見せる社長。
結びつきの中で生かされていることを、日々実感する。

（対談記事は 50 ～ 51 頁に掲載）

旅

「人生という旅の中で出会う方々との関わり。
それが、私にとって一番の幸せです」

Word
Sports

「戦術は重要だが、戦術が試合に勝つのではない。人間が試合に勝つのだ」

「マンチェスター・ユナイテッド」元監督　サー・アレックス・ファーガソン

サッカー界随一の名門クラブ「マンチェスター・ユナイテッド」で、27年間にわたり指揮を執り続けたアレックス・ファーガソン。就任以前の20年間、タイトルと縁遠かった同クラブを、現在の地位にまで押し上げたサッカー史に残る名監督だ。そんな同監督の言葉には、選手の能力だけでも、自身の采配力だけでもなく、チームに関わる全ての"人"の力こそが試合を決する、という想いが込められているように思う。ベッカムやロナウドといった超一流を育て上げた同監督だが、それらの選手が引き抜かれた後も、常にチームの競争力を維持し続けた。そのように一選手に依存することなく、チーム全体の規律を何よりも重んじてきたからこそ、長く成功を収め続けられたのだろう。全員が一致団結して勝利を目指せば、たとえ戦術や選手の技術では劣っていても、試合には決して負けない──そのチームマネジメントからは、組織を常勝へと導く極意が感じられる。

合同会社 Re'make　代表

椛嶋 樹

前職では料理人として研鑽を続けていた椛嶋代表。
しかし転機が訪れて、軽貨物運送業界へ入ることに。
全くの異業種であったが仕事を通じての出会いに新鮮味と楽しさを覚えて、
「この仕事を続けていこう」という決意を固めた。
人を大事にした姿勢で成長を続けていき、新たに経営者の道へ進んだ代表。
その人柄に惹かれた優秀なスタッフと共に順調に業績を伸ばしていった。
今後は新たに別事業への挑戦も見据えており、
周囲への感謝を胸により一層の想いで前進していく構えだ。

（対談記事は 52 ～ 53 頁に掲載）

人

「周囲の支えがあってここまで来られました。みんなの夢を叶えられる会社を目指します」

㈱88　代表取締役

春 芳志

世界に発信できる技術を有する美容室として政府公認の賞を受賞したり、
予約の絶えない人気サロンを複数展開したりと、
『88』の春社長はこれまで確かな実績を築き上げてきた。
こうした功績に鑑みれば、辣腕で他者を圧倒するような経営者かと思うだろうが、
社長自身は「目立ちたいといった思いはなく、自分のペースで歩んでいる」とあくまで謙虚。
それでも周囲から高く評価されているのは、社長が直向きに仕事と向き合い、
弛むことなく研鑽を積んできたからだろう。
社長にとって努力とは自分自身と闘うことであり、成功はただその結果なのだ。

（対談記事は 54 ～ 55 頁に掲載）

己

「自分のペースを大切に歩んできた延長線上に今があるのだと考えています」

Key Person

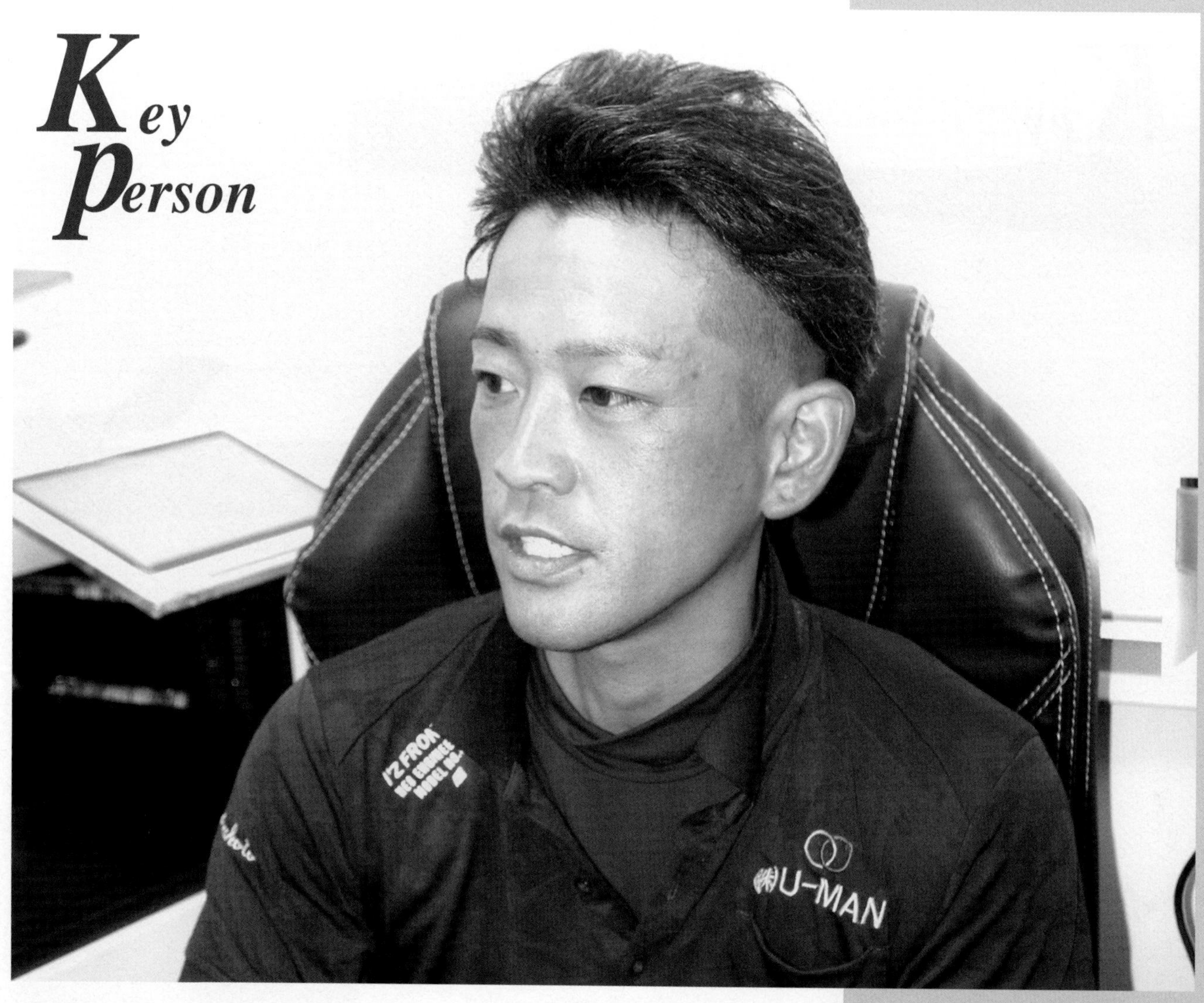

㈱U-MAN　代表取締役

中土井 信

家業の建設会社で研鑽を重ね、独立を果たした中土井社長。
覚悟を持って、父親と同業の経営者として新たに道を歩み始めた。
そんな社長のモットーは「偉ぶらない、選ばない」。
父親から受け継いだ職人の矜持が感じられる姿勢でいかなる仕事も誠実に取り組み、
こだわりを持った丁寧な仕上げで堅調に周囲からの信頼を築いていった。
「お客様ファーストは当たり前。私たちはスタッフファーストで仕事をしています」――
そう語る人思いな社長は今後もスタッフと支え合いながら共に夢を持ち続け、
さらなる高みを目指して走り続けていくだろう。

（対談記事は 56 ～ 57 頁に掲載）

昇

「夢を持ち続けられる会社を目指して、スタッフ第一主義を貫いていきます」

黒河工業㈱　代表取締役

黒河 直登

黒河社長という人物を一言で表現するとすれば、
受けた恩を忘れない義理堅さと、誰よりも真っ直ぐな心を持った人だろう。
若いころにやんちゃをしていても、一度信頼した仲間が窮地に陥れば、
どんな状況であれ自身の危険を顧みず助け出してきた。
そのころから持ち続けた「相手を裏切らず、手を差し伸べる」という姿勢は、
経営者となった今も、事業で発揮されている。
強い絆で結ばれた社員たちと力を合わせて、困っている顧客の期待に全力で応える――
そんな社長なら、今後もより強固な信頼関係を周囲と築いていくに違いない。

（対談記事は 58 ～ 59 頁に掲載）

直

「自分を信じてくれる人の思いに応えたい。その思いで仕事に向き合っています」

Key Person 合同会社 ベネフィシャル・ケア

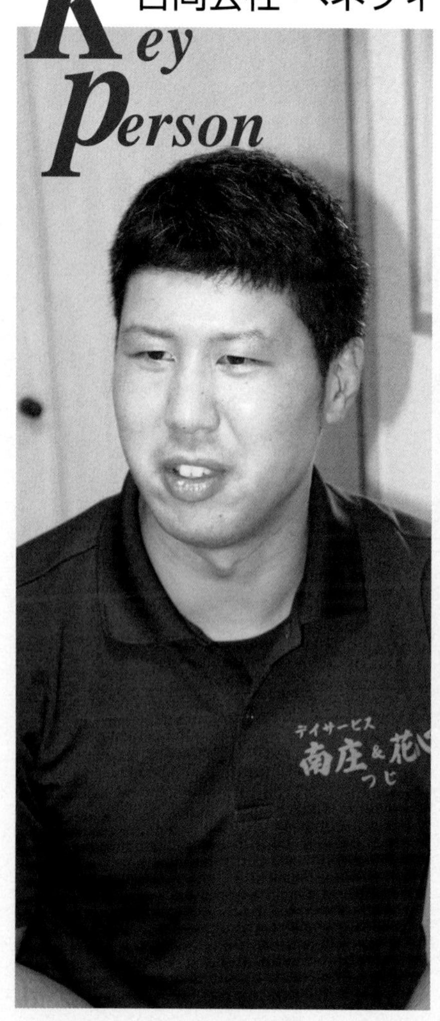

介護士
辻 雄介

統括責任者
辻 美香

代表社員
辻 洋幸

「花を育てるように、利用者と向き合いたい」という方針で介護を行う『ベネフィシャル・ケア』。
根気よく目をかけ、手をかけ、優しく見守らなければ花は美しく咲かない。
水を与えすぎると枯れてしまう花のように、利用者にも与えすぎない適度なケアで寄り添う。
「時には、栄養剤が必要だったり、太陽の光が足りなかったりする花を育てるように、
利用者様たちが何を必要とされているかを見極めることが大切です」。
そうして丁寧に向き合うことで、利用者は心豊かに、穏やかに日々を過ごせる。
「精一杯、お世話させていただきたい」という心づくしの介護で、
人生の大先輩という花を尊重しながら、慈しみ、大切にしていく。

（対談記事は 60 ～ 61 頁に掲載）

花

「目をかけ、手をかけ、優しく見守り、花を育てるように利用者様と向き合いたい」

Key Person

㈱TAKUMI　代表取締役社長

重南 修

熱

勤務時代から業務に関する知識の習得を怠らず、
また職場の課題に対して常に問題意識を持って解決に取り組んできた重南社長。
勤務時代に任されたプロジェクトを推進するために『TAKUMI』の社長職に就いたが、
その後、自身の裁量でより理想とする働き方を実現しようと、
改めて同社を買い取って、名実共に経営を担うようになった。
それもひとえに、妥協のない事業運営に取り組んでいくためだ。
経営者となって20年——尽きることのない情熱で仕事に向き合いながら、
いずれ来る事業継承の時を見据えて、後進に経営者としての背中を見せていく。

（対談記事は76～77頁に掲載）

「昔から曲がったことが嫌いで、より良くしたいという思いで歩んできました」

㈱Ｎプロジェクト　代表取締役

中林　一樹

「自分の顔を売って、信頼を得ることで商売を成長させてきました」――
同業者が多く、競争が激しい自動車業界にあって、中林社長が重んじるのが信頼関係だ。
車の購入にしても、整備にしても、我々は数ある会社の中から信頼できるところを選ぶ。
その時、技術レベルはもちろんだが、人間的に信頼できるかどうかが重要な要素となる。
「お前のところから車を買うよ、お前のところで直してほしいと頼られると嬉しい」。
「頼られた以上は、必ず期待に応えたい」と社長は力を尽くし、
そんな社長だからこそお客様はまた頼る。
義理人情が光る人との繋がりの中で、社長は事業を成長させていく。

（対談記事は 78 ～ 79 頁に掲載）

繋

「自分を頼ってもらえた以上は期待に応えたい。人との繋がりは財産ですから」

㈱ノーツセキュリティ　代表取締役

深坂 幸夫

深坂社長が警備業を推進する上で大切にしているのは、「個よりも和を尊ぶ」こと。
沢山の音の集合が一つの美しいハーモニーを奏でるように、
一人ひとりの力では限界があることも、
それら全てが合わさることで、より大きな力を生むからだ。
「真っ白なノートに、各自が持つスキルや経験といった個性を書き込み、
社員が一丸となって最高品質のセキュリティサービスを生むことで、
地域の人々の安心・安全な日常を守りたい」――
警備業界におけるオーケストラのように、社長は今後も社員と力を合わせて地域を守る。

（対談記事は 80 ～ 81 頁に掲載）

奏

「和を重んじたチーム力で以て
地域の安心・安全を守っていきたい」

奥様である西主任との出会いで日本で新たなスタートを切ったトルコ出身のアバス会長。
解体工事の仕事を始めるが、日本のやり方に戸惑うことも多かった。
しかし、持ち前の吸収力の高さで以て短期間で仕事を任されるようになると、
自信を得た会長は主任の後押しを得て、独立を果たす。
当初は顧客との関係づくりに悩むこともあったが、実直に前へ進んだ。
職人たちと密なコミュニケーションを取って結束力を築き、
顧客第一の誠実な姿勢で取り組み、順調に地域で信頼を獲得していった。
高みを目指して、今後も二人は力を合わせて直向きに歩みを進めていくだろう。

（対談記事は 82 ～ 83 頁に掲載）

誠

「スタッフを大事にしながら会社を大きくし、
お客様に喜んでもらえる仕事がしたいです」

㈱つむぎ福祉ハーネス　代表取締役

鳥澤 治雄

千葉県を拠点に様々な福祉サービスの提供と動物愛護活動を行っている鳥澤社長。
社長が現在の介護福祉業界に足を踏み入れたのは 58 歳の時だ。
一般的には遅いスタートだが、30 年以上医療業界を歩む中で、
医療的ケアが必要な患者とそのご家族が悩む姿を目の当たりにして、
課題の解決に乗り出すべく起業を選んだという。
現在は、包括的な地域医療サービス制度の構築を目指して奮闘する日々だ。
事業推進の根幹である、困っている人の力になりたいという思いを胸に、
社長は今日も人と社会に貢献するために全力を尽くしていく。

（対談記事は 84 ～ 85 頁に掲載）

献

「何かの形で社会に貢献したい――
その思いが事業への原動力になっています」

QRコードを読み込んで
異業種ネットplusへ
アクセス！

インタビュー記事のカラー掲載に加え、専用広告枠を活用して効果的なPRを。

option 01 プロモーション動画などをサイトにアップ

会社・店舗などの PR 動画を持っていらしたり、YouTube に動画をアップされていたりする方におすすめです。インタビュー記事と動画の相乗効果で魅力を存分にお伝えいただけます。（※掲載動画は最大 2 つまで）

option 02 プレスリリース機能で情報発信

新たなイベントや商品・サービスの告知など、簡易なお知らせに関する情報を掲載いただけます。ご自身のSNSやサイトに加えて、情報発信に活用ください。

option 03 活用されているパンフレット・フライヤーなどを掲載

宣伝広告などで現在ご活用されている、お持ちのパンフレット・フライヤー・リーフレットなどを pdf 形式で掲載いただけます。インタビュー記事と合わせて効果的な PR 効果を期待いただけます。

多様な業界・業種のインタビュー記事と、時事・コラム記事から幅広い知識・情報を収集

全国各地で活躍する経営者のインタビュー記事を閲覧

月刊誌「マスターズ・アンカー・ルーツ」に掲載された全国各地、多種多様な業界・業種のインタビュー記事を掲載しております。様々な経営者の哲学や生き様に触れると共に、幅広い業界・ビジネスモデルについても知ることが出来ます！

月刊三誌の記事をアーカイブ

月刊誌「マスターズ・アンカー・ルーツ」に掲載された時事や社会問題、世界情勢、ユニークな取り組みなどを取り上げた記事から、編集部が厳選した記事を掲載。幅広い情報・知識の収集に、ご活用下さい！

運営機関：株式会社 IED
お問い合わせ先：info@kokusaig.co.jp
※異業種ネットplusには、「マスターズ・アンカー・ルーツ」に掲載された方のうち、インタビュー記事掲載（有料）をご契約の方のみが掲載されます。

Masters で活躍するゲストインタビュアー

president,owner,director,boss,leader,captain......

つまみ枝豆

Tsumamiedamame

1958年6月1日生。趣味は車、ゴルフ。ビートたけしの弟子で構成される「たけし軍団」の一員。タレント活動の他、映画『3-4x 10月』『HANA-BI』『座頭市』、テレビドラマ『おひさま』『龍馬伝』『隠密八百八町』など、俳優としても活躍。また怪談の語り手としても活動している。

島崎 俊郎

Toshiro Shimazaki

1979年、コントトリオ「ヒップアップ」を結成。80年に『笑ってる場合ですよ』『君こそスターだ!』でブレイク。85年には『オレたちひょうきん族』に「アダモちゃん」で出演し、お茶の間を沸かせる。現在はテレビリポーターを中心に、舞台や映画など多方面で活躍を続けている。

布川 敏和

Toshikazu Fukawa

1965年8月4日生。15歳でジャニーズに入り、1981年にテレビドラマ『2年B組仙八先生』でデビュー。1982年には本木雅弘と薬丸裕英の3人で「シブがき隊」として歌手デビューも果たす。『踊る大捜査線』などのドラマや映画、バラエティーでも現在幅広く活躍中。

大沢 樹生

Mikio Osawa

1987年に光GENJIの一員としてデビューし、不動の人気を誇る。現在は俳優として数々の映画やテレビ番組に出演。主な出演番組は、『わさお』『捜査線』『魍魎の匣』『紅薔薇夫人』『まだまだあぶない刑事』『悪の華』『相棒10』など多数。俳優業のほか、プロデュース・監督作品も手掛けている。

山中 慎介

Shinsuke Yamanaka

滋賀県湖南市出身。2006年にプロデビュー。「神の左」と称される左ストレートを武器に勝利を重ね、2010年に日本バンタム級チャンピオン、2011年にはWBC世界バンタム級チャンピオンを獲得。2018年、日本歴代2位となる世界防衛12回を樹立し引退した。現在は幅広いメディアで活躍中。

松尾 伴内

Matsuo Bannai

たけし軍団の一員として、数々のテレビ番組に出演。主な出演番組は、『痛快! 明石家電視台』毎日放送、『開運! なんでも鑑定団』テレビ東京系、『ごきげんよう』フジテレビ系など多数。またバラエティのみならず、ドラマや舞台で俳優としても幅広く活躍中。

野村 将希

Masaki Nomura

1970年に「一度だけなら」で歌手デビュー。その後、米国の「アメリカンミュージカル&ドラマティックアカデミー」で舞台芸術を学ぶ。歌手活動を続けながら俳優としても活躍の場を広げ、2014年にはアームレスリングアジア大会に出場。現在は舞台を中心に、俳優、歌手として活躍中。

野村 宏伸

Hironobu Nomura

1984年に映画『メイン・テーマ』で俳優デビューし、本作で日本アカデミー賞新人賞を受賞。1988年には『教師びんびん物語』に出演し、ブレイクを果たす。その後は役者としての活動を中心とし、数々の作品に参加して本格派俳優としての地位を確立。舞台でも精力的に活動している。

市井 紗耶香

Sayaka Ichii

1983年生まれ、千葉県出身。1998年「モーニング娘。」第2期メンバーとして加入。卒業後、結婚出産を経て女優としても活動。雑誌『saita』の連載を経て現在WebマガジンSaitaで【#本音で話そう】連載中。プライベートでは4人の子どものママ。家族でミニマムナチュラルオーガニックライフを楽しんでいる。

ダンカン

Dankan

1959年1月3日生。趣味は野球、釣り。タレントとして『サンデー・ジャポン』『スポーツTODAY』『天才・たけしの元気が出るテレビ』やCMで活躍した他、俳優としても映画『チンピラ』『生きない』など多数出演。番組構成、舞台の脚本・演出なども含め、多方面で活躍中。

大西 結花

Yuka Onishi

大阪府出身。1984年にテレビドラマ『家族の晩餐』でデビュー。『スケバン刑事Ⅲ』にはレギュラー出演、「風間三姉妹」の長女役を演じ、次女役中村由真、三女役浅香唯と共にアイドルユニットとしても活動した。横浜映画祭では、『台風クラブ』で最優秀新人賞を受賞している。

辻 よしなり

Yoshinari Tsuji

慶応義塾大学卒業後、テレビ朝日に入社。プロレスの実況アナウンサーとして人気を博し、2000年にフリーランスに。テレビ・ラジオ・ネット放送・イベント・執筆・講演と活動の域を広げる。『踊る!さんま御殿!!』『オジサンズ11』など、多数のTV番組出演の他、スポーツの実況も手掛ける。

おさる

Osaru

1968年9月19日生まれ、大阪府出身。アニマル梯団(おさるとコアラ)としてデビューし人気を獲得。解散後は細木数子のアドバイスを受けて「モンキッキー」に改名し、その後も幾度かの改名を経て2020年からは「おさる」に再改名。現在はタレント業のみならず、書道家・宇都鬼としても精力的に活動している。

新山 千春

Chiharu Niiyama

青森県出身。ホリプロタレントスカウトキャラバンで芸能界に入り、1996年に映画『お日柄もよくご愁傷さま』でデビュー。『超タイムショック』『にじいろジーン』など、バラエティー、ドラマ、映画など多方面に活躍。2010年には青森市観光大使に就任。観光PRにも取り組んでいる。

ラッシャー板前

Rasshar itamae

1963年6月15日生まれ、千葉県出身。「たけし軍団」の一員として、数々のテレビ番組やCM、映画などに出演。人気情報番組『朝だ!生です旅サラダ』(テレビ朝日)では、25年にわたりレギュラー出演。全国各地から1,000回以上の生中継を行い、地域の様々な魅力を発信してきた。

GUEST INTERVIEWERS OF THIS MONTH

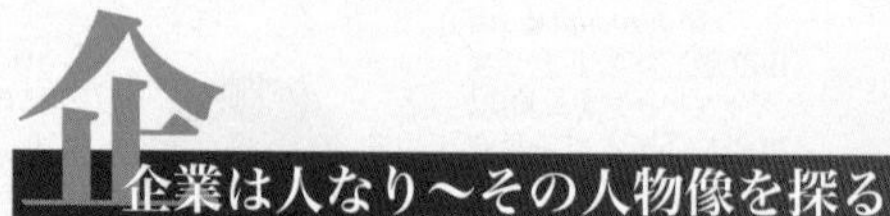

企
企業は人なり～その人物像を探る

匠
技を極めた匠

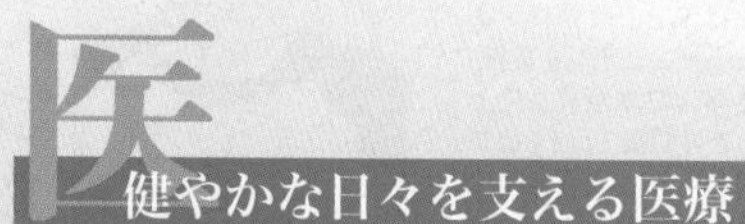

医
健やかな日々を支える医療

心
心に寄り添う介護・福祉

Masters
president owner director boss leader captain……

特別企画取材
地域に生きる

士 EXPERT'S EYE

教 明日を照らす教育現場

寺 社寺聴聞

店 逸店探訪

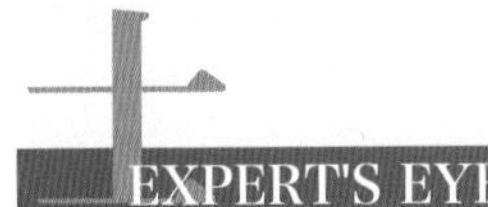

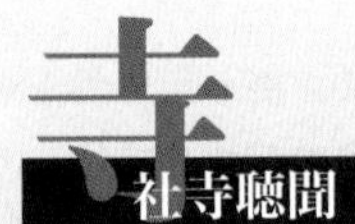

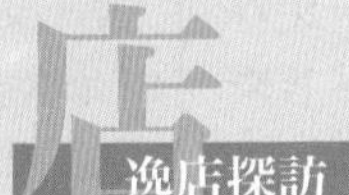

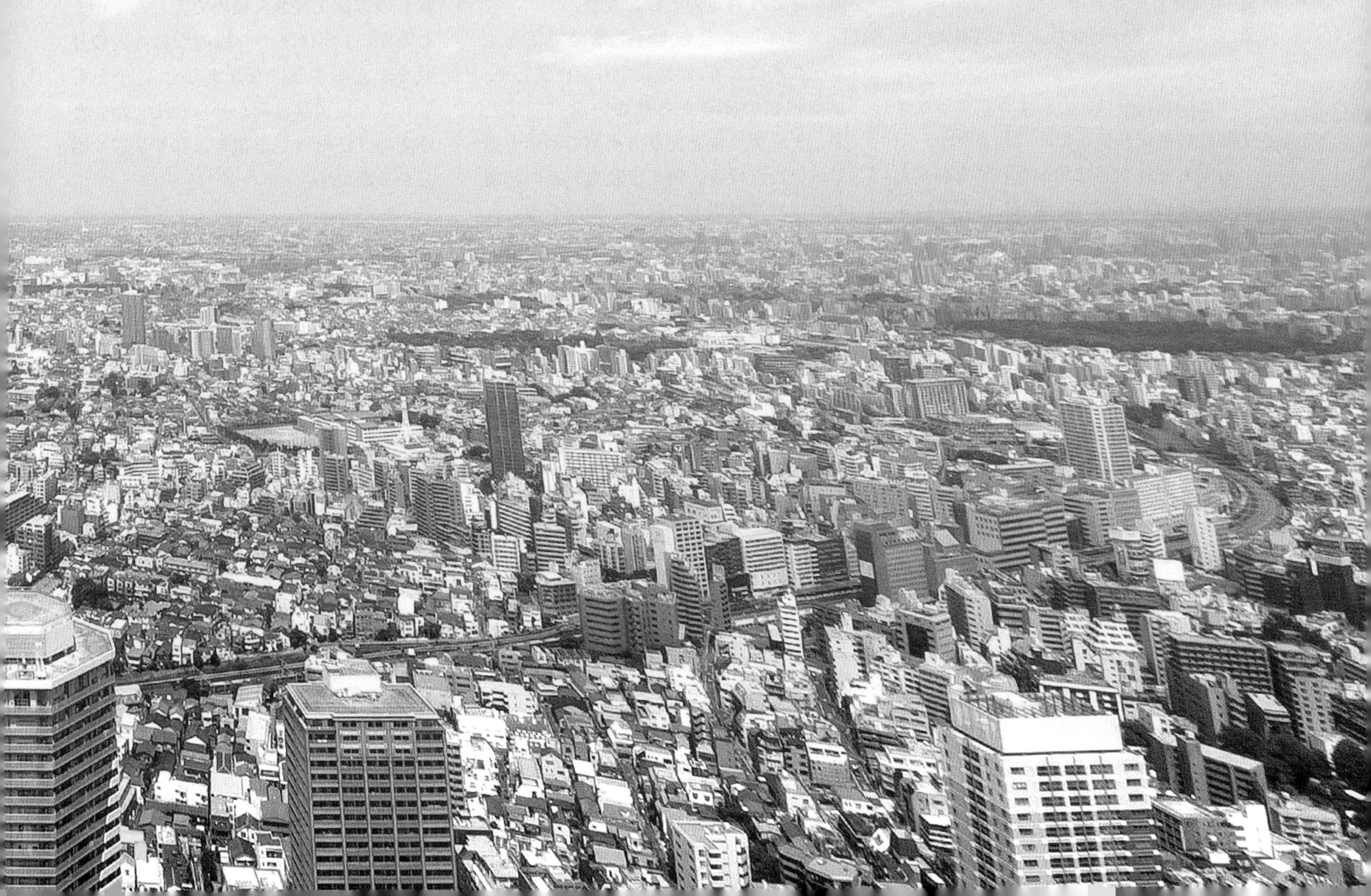

株式会社 女性開花社／花開くアカデミー

成功したい女性の潜在能力を引き出し 花開く人生の実現を応援

女性の自立をサポートするオンラインビジネスアカデミー、『花開くアカデミー』を運営している『女性開花社』。主にお菓子・パン・料理などの教室運営における、SNSを活用した集客術などを伝え、ビジネスとして成功するための道標を示している。自身の経験と学びから得たノウハウで全力で生徒と並走するまつお社長に、タレントの松尾伴内氏がインタビューを行った。

お菓子との出会いでパティシエに 起業塾で学びビジネスとして成功

――まつお社長は、どのようなきっかけで現在の道に進まれたのでしょうか。

もともと独立心はあったのですが、天職を見極められない時期がしばらく続きました。そんな中、ハワイですごく美味しいアップルパイに出会い、その味に惚れ込んでパティシエの修業を開始。当時40歳を過ぎていましたが教室で学んで資格を取り、5年ほど経って自分のお菓子教室を持つことができました。

――決して早くはないスタートだったのですね。教室はいかがでしたか。

最初は生徒さんの募集の方法も分かりませんでしたが、ある時大手さんが運営する料理教室に登録し、50名ほどの生徒さんが集まるようになりました。ですが、やることが多く想像以上にハードワークな中、一般的な月謝を頂いても収益に繋がらないことに気が付いたんです。ついには多忙で倒れてしまい、これではダメだと。

――忙しければいいというものではないと。これは難しいですね。

そこで、ビジネスとして成立させるための運営術を学ぼうと、起業塾に通い始めました。そこで尊敬する講師の方との出会いがあり、SNSを活用した集客方法、レッスン用のメニューやコースの組み方、ターゲットの絞り方などを学び現在に繋がっていくんです。アプローチの仕方を変えて何カ月か経ったころ、目標だった月収100万円を達成しました。

――それはすごい！　具体的に、以前と何を変えられたのでしょうか。

メニューの質を上げて単発ではなくコース式にして、価格設定も上げました。以前の私では考えられない設定でしたが、ターゲットと売り方次第で価値を感じていただける。例えば私も、その起業塾では授業料以上の価値と学びを得られました。お菓子教室も、付加価値を感じていただけるアプローチが大切です。こうした、教室運営におけるノウハウをお伝えし、女性の精神的・経済的自立をサポートするべく、『女性開花社』を設立し『花開くアカデミー』を始めたんです。

女性の才能と可能性を発見し伸ばす 成功の方程式を伝授しサポート

――生徒さんたちには、まずどのようなアドバイスをされるのですか。

その人が得意なことを絞り込み、キャッチフレーズをつけます。例えば「カヌレの魔女」「クロワッサンの貴婦人」など。それを教室の看板に掲げて生徒さんを呼びましょうと。「カヌレの魔女」の方は生徒さん集めで苦しんでいましたが、1年ほどで一般的な勤め人の月収を超えるようになりました。「子どもを行きたい大学に行かせられました」と感謝のメッセージを頂き、私もすごく嬉しかったです。

――生徒さんとご家族の人生を好転させられたわけですね。

また、ワンちゃん用のケーキ作り教室で成功した方もいます。ワンちゃんが大

オーナーとして職人として、自身のお菓子工房を持ち活躍

経験ゼロから始め、10年続く常連の絶えないカフェのオーナーに

リアルでもオンラインでも選ばれて稼ぐ！

お菓子・パン・料理教室のつくり方

同文舘出版　まつお みかこ（著）

教室開業から７つのタイプの教室づくりで
月商100万円できる方法までを指南する
まつおみかこのビジネス書籍

お菓子・パン・料理などの教室を開く――その方法について触れた書籍は複数あるだろう。その中でこの本の特徴は、女性が自立することを念頭に置き、「集客できる」「稼ぐことができる」といった現実的な部分をしっかりとおさえている点だ。例えばSNS投稿の実例をもとに、どんな投稿をすれば良いか、それがなぜ集客に繋がるかを具体的に説明。まつお社長自身が教室運営で多くの集客を実現したノウハウ、月商100万円を超える成功教室を短期間で複数育ててきた実績など、全てが詰め込まれた贅沢な１冊となっている。

好きで飼っていらっしゃったので、ひらめいて提案したんです。最初は「え？ 犬用ですか……」という感じで躊躇されていましたが、いざやってみるとどんどんアイデアが出てきて。ウェディングケーキのような本格的な犬用ケーキがインスタで注目され、お客様が増えて今では会社を設立するまでになりました。

――なるほど、ワンちゃんのケーキですか。確かにニッチですがSNSで人気を獲得しそうですね！

向き不向きを見極めて、努力するポイントを的確に選択することが大切だと思います。簡単なことではありませんが、考え方としてはシンプルですね。ただ、自分の長所や魅力って、自分では意外と気が付かないもの。そこを見つけて背中を押してあげるのが、先生である私の役割なんです。

――非常にプロデュース力に長けていらっしゃいますね。社長ご自身がそれだけ頑張れる原動力は何でしょうか。

まず、先程も申しましたが女性の自立と幸福の実現を応援したい、という思いが第一です。女性のクリエイティブな能力を開花させるお手伝いをし、ビジネスとして成功させるチャンスを掴んでほしいんです。また、他界した父の影響もあります。父は印刷関係の職人で、決して商売上手な人ではありませんでしたが、私は尊敬していました。精神的な強さを育み、人に手を差し伸べることの大切さを教えてくれたのは父です。父の愚直な働き方を評価しない方もいましたが、娘である私が成功することで、父の人生を肯定することにも繋がる気がするんです。

――素敵ですね。お父様もすごく喜んでいらっしゃると思います。やはり、自分のためだけじゃなくて、人のために頑張ることができる人は強いですよ。

ありがとうございます。まずは3年後を目標に、今の3倍の規模まで会社を成長させたいと思っています。これまで200名以上の女性を教えてきましたが、これからはさらに中身の濃い内容でサポートし、関わった全ての方が起業できるよう力を尽くしていきたいです。

（取材／2023年8月）

㈱女性開花社　代表取締役
花開くアカデミー　校長
まつお みかこ

大阪出身。学校卒業後は化粧品会社に勤め、東京で働いていた。退職後は独立心を抱きつつきっかけを掴めない時期を過ごしたが、パティシエとしてお菓子作りの道へ。自身でお菓子教室を開き運営する中、ビジネスとして成り立つ運営方法を模索。そうして得たノウハウを多くの女性に伝えるべく、『女性開花社』を立ち上げた。

After the Interview

タレント　松尾 伴内

「まつお社長は非常に人を見る目があると言いますか、長所を見抜く洞察力に優れている方だと感じました。生徒さんが自分では気づかなかった能力が、社長のアドバイスによって目覚めていく。ご自身もプレイヤーとして優れておられますが、プロデューサーや監督のような立場でより力を発揮されるのでしょうね。社名にもある通り、まさに女性を開花させる方だと思いましたよ！」

不動産売買仲介やリフォーム・リノベーション、空き家・相続相談など、不動産に関するあらゆるニーズに対応している『テミス』。豊富なノウハウと実績を誇り、顧客からの信頼も厚い。同社を牽引する伊藤社長は奥様の他界という悲劇を経験しながらも、残されたご家族を守るために力強く歩んできた。本日はタレントの島崎俊郎氏が社長の半生を紐解いた。

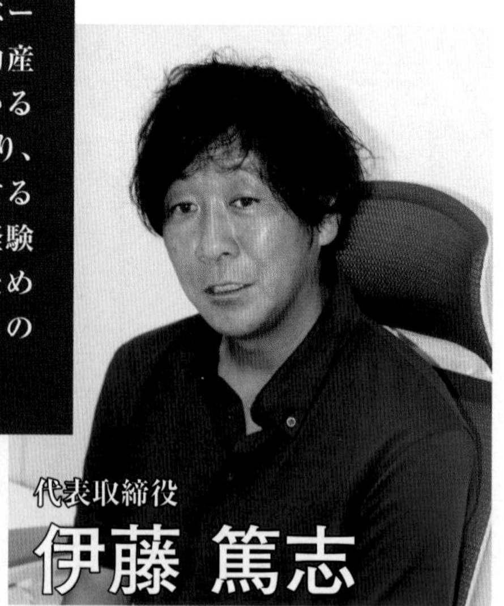

タレント
島崎 俊郎

Special × Interview

代表取締役
伊藤 篤志

家族の存在と周囲への感謝を原動力

不動産業という天職に出会い これまでの経験も活きて活躍する

――『テミス』さんの事業内容から伺います。

名古屋市東区・瑞穂区を中心に愛知県全域にて、中古住宅・不動産の売買仲介をはじめ、賃貸仲介、管理、リフォーム・リノベーション、空き家・相続相談など幅広く対応しています。内容によっては税理士、司法書士、弁護士などの専門家と連携しながらサポートさせていただきますので、お気軽にご相談いただければと思います。

――不動産の売買は人生で何度も経験するものではないからこそプロが寄り添ってくれると安心ですね。伊藤社長はどういった経緯で不動産業界に入られたのでしょう。

私は社会人の第一歩目を地元のハウスメーカーから歩み出しました。元々建築に興味があったわけではありませんが、多額のお金が動くスケールの大きさや、お客様と真剣に向き合いながら理想の住まいをつくり上げる楽しさに仕事に没頭するようになっていったんです。様々なことに挑戦させていただける環境だったので、営業担当でしたが、自ら現場に足を運んだり、独学で簡単な図面を描いたりなどもしていましたね。その後、不動産登記の関係で司法書士の仕事に興味を持ち、司法書士事務所に転職しました。

――そちらではどのようなお仕事を？

営業職を務めていました。登記などを学ばせていただきながら3、4年ほどお世話になった後、不動産会社に引き抜かれてそちらに移りました。経営が安定していましたし、私自身も不動産の仕事に興味が湧き始めていたので、ありがたかったですね。

――今は起業もされていますし、よほど不動産の分野に魅了されたのですね。

そうですね。入社時に上司から「不動産の仕事と坊主だけは辞められないぞ」と言われたんです。上司の言う通りで、携わってみてとても面白くやりがいがあり、天職に出会ったと感じましたね。司法書士事務所で登記について学んだ時に身につけていた不動産の専門用語なども役に立ち、宅地建物取引士の資格もスムーズに取得することができました。勤務先では主に売買仲介に携わり、7年半経験を積んで独立起業したんですよ。

――独立のきっかけと言いますと？

妻の実家が養鶏業を営んでいたのですが、徐々に周囲に住宅ができてきて商売を続けるのが難しくなっていたんです。そこで義父が将来を見据えて不動産業にシフトすると決意されて、「一緒にしないか」と声を掛けてくれたんですよ。そ

TEMISU Inc.

不動産売買・リフォーム・リノベーション

株式会社 テミス

愛知県名古屋市東区東大曽根町７番２号

COLUMN

不動産売買に悩む顧客の力強いパートナー

少子高齢化が急速に進む現代、相続によってある日突然不動産を取得する機会が増えている。不動産は大きな財産と言えど、活用方法によってはそのポテンシャルを存分に活かしきれなかったり、最悪の場合は負の財産になったりもするという。それまで不動産に特に関心のある人でなければ、戸惑うことも多いはずだ。そうした時に力になってくれるのが『テミス』。同社では、「相続した家を売りたい」「今の住まいを売って住み替えたい」「高く又は早く売りたい」など顧客一人ひとりのニーズに、豊富なノウハウで的確に応えてくれる。古く傷んだ家でも相談可能で、査定は無料、秘密厳守を徹底。不動産についてお悩みの際は、同社に一度相談してみてはいかがだろうか。

after the interview

「順調に自社保有物件や管理物件を増やしておられる伊藤社長。対談の最後に『生前、妻に裕福な暮らしをさせてあげられなかったことが唯一心残りです』と語っておられました。社長の思いはきっと亡き奥様にも伝わっていると思いますし、奥様の分もお子様方や周囲の方々を笑顔にしていっていただきたいと思います。これからのご活躍を私も応援しています！」　島崎 俊郎・談

に選ばれ続ける不動産会社を目指す

して新たにマンションを建てて賃貸経営や売却をスタートし、私は物件管理を担っていました。

最愛の人を亡くす悲劇を経験 それでも立ち上がった理由

――不動産会社でしっかりと経験を積まれましたし、事業は順調だったのでは？

事業は順調に進み始めました。ところが、2019年に妻が下の子を出産した翌月、他界してしまったんです……。あまりに突然でショックが大きく、呆然としました。

――そんな……。仕事も家庭もこれからという時なのに、言葉になりません。

妻の他界を受けて不動産業は一度仕切り直すことになり、実家にお金を返して2022年からリスタートを切りました。そして妻亡き後もシングルファーザーとして育児と仕事を両立してきたんです。

――ご夫婦揃っての育児でも大変なところをお一人で、しかもきっとまだお気持ちの整理もつかない中で、事業も運営されるなんて……。

育児は目が回るほど大変でしたし、島崎さんのおっしゃる通り何より気持ちのやり場に困りました。もし本当に神様が存在したとすれば、子どもたちも私もこんなつらい目に遭うはずがないと自分の運命を呪いましたよ。

――それでも家庭も仕事も投げ出さず、前を向いて歩んでこられたのですね。

子どもたちに母親がいないこと以外、何一つ欠けた人生を送らせたくない、不憫な思いは絶対にさせないという一心だけで歩んできました。また、仕事においては幸いにも支えてくれる仲間がいたので、何とか続けることができました。妻の死をきっかけに人生が激変しましたが、周囲の人に助けていただいたお陰で今があります。そして子どもたちも幼いながらに事実を受け止め頑張ってくれました。子どもたちは私にとって戦友です。

――悲しみを共有し、一緒に乗り越えてきた「戦友」という言葉の重さに、私も目頭が熱くなります。社長には今後誰よりも明るく素晴らしい人生を歩んでいっていただきたいです。

ありがとうございます。周りの方々に助けていただいたので、今度は私が大成して皆さんに恩返しができるようにしたいと思います。地に足を着けて堅実な経営を続けながら、子どもたちに財産として事業や自社保有物件を残していければ嬉しいですね。

――陰ながらではありますが、これからも応援しています！　本日はありがとうございました。

（取材／ 2023年8月）

works

株式会社 クリエイティブエイト

【本社】神奈川県厚木市下川入 867-1
URL：https://creative-eight.co.jp/

水処理事業を主軸とした多角的経営で地域貢献し 全社一丸となってさらなる成長を目指す

水処理事業、工具販売・買取事業、機材リース事業を基盤に、飲食店事業など多角的に経営を行う『クリエイティブエイト』。その業容の幅広さと多様な有資格者を擁する人材の豊富さで、水に関するお困りごとに留まらず、顧客の様々な要望に対応している。本日はタレントのつまみ枝豆氏が同社を訪問し、金城専務にインタビューを行った。

大手水処理会社で仕事に邁進 経験を蓄積し、妻と会社を設立する

――まずは金城専務のこれまでの歩みから伺います。

高校を卒業するまで地元・沖縄県で過ごしました。昔からラグビーに打ち込んでいて、大学でも続けたいと思い『流通経済大学』に進学。学業修了後は大手水処理会社に就職して、そちらでもラグビー部に入り、トップイーストリーグでプレーしていましたね。前職で水処理事業の営業職を 17 年間経験し、2022 年に退職しました。妻が 2017 年ごろから個人事業主として水処理関連の仕事をしていたので、私の退職を機に法人化を果たして『クリエイティブエイト』の設立に至ったのです。

――独立のきっかけとなる理由が何かあったのですか。

前職で 17 年間、水処理の仕事に邁進して役職にも就いていたのですが、理想の会社を作り、仕事を通して地域貢献したいと思ったのです。また、水処理事業はニッチな業界ですから競合が少なく、業務に必要な資格を持っている方も多くはいませんので、勝算もありました。

挑戦を続け、多角的な事業経営に成功 スタッフと共に更なる成長を目指す

――改めて、御社の業容について教えてください。

当社は主に水処理事業、工具販売・買取事業、機材リース事業を手掛けています。水処理事業では水処理施設の機能診断・改善提案、機器補修業務、異常時の緊急対応業務、各種水処理装置販売、施設の点検業務、水質検査などを行っています。機器の故障などの緊急時にはいつでも駆け付けられるように、夜間対応も可能な勤務体制を築きました。夜間対応はお客様と当社の直接契約になるためマージンが発生しませんので、お客様にとっても価格を抑えられるといったメリットがあります。それから、水処理事業以外にも多角的に展開しており、ラーメン店の経営など飲食事業も手掛けているんで

～対談を終えて～

「社長である奥様と力を合わせて失敗を恐れず様々な事業に挑戦してきた金城専務。適切な判断で見極めを行い、安定した経営を続けてきた経営手腕の高さは素晴らしいですね。スタッフさんの成長も見守りながら事業に励む姿勢は経営者の鑑ですよ。さらに高みを目指しておられる専務がスタッフさんと力を合わせて、『クリエイティブエイト』さんを成長させていくのが楽しみです。今後のご活躍を応援していますよ」　つまみ枝豆：談

▲金城専務は飲食店の経営も手掛け、多角的な事業展開を成功させている。

水処理事業へ懸ける想い

水処理事業を中心に多角的に事業を展開する『クリエイティブエイト』。金城専務が独立を考えたのは前職の大手水処理会社での仕事を通して得た地域貢献の想いがきっかけだ。

前職で営業職を務めていた専務。１年目は右も左も分からず、満足な結果を出せずに途方に暮れる日々を過ごしたそうだ。病院や工場、役所などをひたすら回る中で、ある時、厚木市役所の職員から取引が期待できそうな企業を紹介してもらったことがあった。必死に営業活動を行う専務の姿を見ていた方がいたのだろう。その紹介で専務は無事に取引を成功させて仕事への自信をつけ、キャリアを築いていった。機会を与えてくれた市役所の方の対応に専務は感動し､「いつか仕事を通じて恩返しがしたい」と厚木市への貢献を決意したのである。そして、水処理事業に地域貢献への可能性を見出し、同社を設立したのだ。

専務は独立当初から持ち合わせている地域貢献の想いを守りながらも、顧客・スタッフも大事にした姿勢でますます同社を飛躍させていく。

すよ。

――飲食店も経営されているのですか。幅広いですね。

飲食事業自体は 10 年ほど前から準備を進めていて、始めるタイミングを見計らっていました。常に新しいことに挑戦したいという思いが昔からあり、失敗してもいいからとにかくやってみようという姿勢を大切にしています。ただ闇雲に挑戦するのではなく、うまくいかないと感じた時には見切りをつけて潔く撤退するようにしています。人材や資金は無限ではないですからね。そして、最近は M&A で京都で仏壇屋の経営も始めました。コスト削減に成功し、こちらも今のところ順調に経営できています。

――お仕事をされる上で心掛けていることは何ですか。

楽しく働くことですね。私が楽しんで仕事をしていなかったら、スタッフも楽しく働けないでしょう。また、スタッフに自身の長所を伸ばせる環境を提供するようにしています。もちろん不安だと思うことは私がカバーしますし、間違っていると感じたことは正すようにしています。けれど間違っていなければ、スタッフを信頼して、成長できるような仕事を任せるようにしています。そうすることでお互いの信頼関係がさらに深まると思うんですよ。スタッフにはこの会社で色んな可能性を見つけてほしいですね。

――スタッフの方々も安心して仕事に向き合うことができるでしょうね。お話は尽きませんが、最後に今後の夢をお聞かせください。

夢はたくさんあります。順調に売上を伸ばせていますが、2024 年はさらに３倍の売上を目指しています。そして、ゆくゆくは東証二部へ上場したいですね。また、本社以外に東京、静岡、京都などに支社の展開が進んでいます。こうして会社が成長しているという実感をスタッフたちに持ってもらえたらモチベーションに繋がると思うんですよ。そのためにもスタッフたちと力を合わせ、共にさらなる高みへ上っていきたいですね。

――本日はありがとうございました。

（取材／ 2023 年 8 月）

代表取締役専務

金城 憲人

沖縄県出身。『流通経済大学』を経て大手水処理会社でもラグビーに打ち込み、トップイーストリーグでプレーする。2022 年に勤務先を退職。水処理の仕事に従事した経験を活かして、妻と共に『クリエイティブエイト』を設立した。多角的な事業経営で順調に業績を伸ばす。

前向きな姿勢と周囲への感謝を胸に地域に根差して実績と信頼を紡ぐ

施工管理や測量、設計、調査、計画などを通じて建設現場を支えている『幸喜建設』。建設ディレクターとして長年土木工事に携わってきた吉仲社長が、勤務先の経営者の他界を受けて事業を引き継ぎ、新たにスタートした会社だ。本日はタレントの野村将希氏が、周囲の声援を受けつつ力強く事業を推進する社長にインタビュー。お話から見えてきたのは、人々を魅了してやまない社長の人柄や、努力を惜しまない姿勢だった。

株式会社 幸喜建設

京都府木津川市加茂町法花寺野風呂田 15

ゲストインタビュアー（タレント）

野村 将希

【Profile】1970年に「一度だけなら」で歌手デビュー。その後、米国の「アメリカンミュージカル＆ドラマティックアカデミー」で舞台芸術を学ぶ。歌手活動を続けながら俳優としても活躍の場を広げ、2014年にはアームレスリングアジア大会に出場。現在は舞台を中心に、俳優、歌手として活躍中。

お世話になった経営者に心から感謝　事業に新たな息吹を吹き込む

――吉仲社長のこれまでの歩みからお聞かせいただけますか。

京都府・井手町の出身です。高校卒業後は大阪にある土木の専門学校で学び、卒業後は1年間友人たちとワーキングホリデーを利用してオーストラリアに留学しました。そして帰国後は、京都の土木工事会社に入社し、現場監督として働き始めました。

――元々建設関係のお仕事に興味をお持ちだったのですか。

そうですね。この地域は石を投げれば建設業者に当たると言われているほど建設会社が多く、私もこの仕事を身近に感じていましたから。実際に働いてみるとハードで大変でしたが、周囲の方々が目を掛けてくださったお陰で続けることができたんですよ。そして20代半ばで個人事業主となって屋号を掲げて働くようになりました。

――お若くして独立されたのですね。

ありがたいことに学生時代から私に何かと声を掛けてくれていた経営者が支えてくださり、その方が経営する『日皆田建設』という土木工事会社に社員として籍を置かせてもらいながら、同時に個人事業主としても活動していたので安定して働くことができたんです。ですが、とてもお世話になった『日皆田建設』の社長が2022年に亡くなりまして。社長の奥様が会社を畳むことを決断されたんですが、同社は約30年間地域に根差して実績を重ねてきた会社ですから勿体ないと感じたんですよ。そこで誰かが引き継ぐことを提案しましたが社内からは手が挙がらなかったため、私が引き継がせていただくことにしたんです。

――実績のある会社だと後継希望者が多そうですが、意外ですね。

社員さんは社長と同世代の方が多かったので、年齢的に踏みとどまられたのではないでしょうか。その点、私は個人事業主として経営経験があったので、周囲の方々も「お前なら大丈夫だよ」と背中を押してくださいました。一度は畳むと決めて同社の資金は社長の奥様に戻していましたから、私が改めて自己資金を入れて登記変更したので、M&Aを行った形になりますね。そうしてスタートしたのが『幸喜建設』で、施工管理や測量、設計、調査、計画などを手掛けています。この社名は元々私の個人事業主時代の屋号なんですが、お世話になった社長のお名前にも「幸」という漢字が入っているので、喜んでいただけたらと思って引き続き使っています。

――前社長への感謝の思いが伝わってくる素敵な社名だと思います。

個人事業主時代の経験も活かしつつ　柔軟な姿勢で飛躍を見据える

――新たなスタートに際して、それまでおられた社員さんたちはご一緒に？

ええ。残ってくださった方もいて、正

困難を乗り越える力

とにかくまずは行動すること、そしてどんな時も前向きに物事を捉えることを大切にしてきた吉仲社長。そんな社長の姿勢が若いころから発揮されてきたことが分かるのが、ワーキングホリデーを利用して留学したオーストラリアでのエピソードだ。

元々、海外に興味があったわけではなかったと語る社長。「友人が行くというので、思い切って私も付いていきました。もちろん英語は喋れません（笑）。それでも困らないようにと日本人の駐在員たちがよく利用するバーで働いていたんですよ」と語る。男性スタッフが少なかったこともあり、お店では重宝される存在で帰国を引き留められたという。また、周囲の友人が帰国のチケットを用意する中、社長が持っていたのは片道切符だけ。「何とかなるだろう」と考え、生活が苦しい時も工夫をしてピンチをしのいできた。その甲斐あって、日本では得られないような経験もできて視野を広げることにも繋がった。

そうした経験を通じて得たどんな困難な状況下でも乗り越えていく力は、経営者となった今も社長の大きな財産となっている。

式に社員として活躍してくれています。協力会社も支えてくださっていて、フル稼働で働いていますよ。取引を継続してくださる取引先様も多く、忙しい毎日で本当にありがたい限りです。

――新体制になってもご縁が続くのは、社長のご人徳だと思います。社長が新たに始められたこともあるのでしょうか。

元々『日皆田建設』は元請企業として公共工事をメインに手掛けてきました。ですが、今は再スタートしたばかりで企業としての体力がまだありません。他の元請企業が40～50社ある中で入札して当選するまで仕事を待っているわけにはいかないので、下請の仕事も積極的に引き受けるように方向転換しました。それと並行して入札にも参加していますよ。私は個人事業主時代に下請として働いていた経験があることに加えて、『日皆田建設』の元社員としても皆さんに知っていただいていますから、「これまで『日皆田建設』としては頼みにくかった下請の仕事も、頼みやすくなった」と声を掛けていただくことが多いですね。口コミでどんどんご縁も広がっているので、その一つひとつを大切にしていこうと思っています。

――前社の歴史や実績も大切にしつつ、一つの手法に固執はせずに柔軟に対応しておられるわけだ。

フットワーク軽く、お客様に使っていただきやすい存在になりたいですね。それが結果的に顧客を広げ、事業の成長にも繋がっていくと思っています。そして私自身、何事も前向きに捉え、大変なこともあるからこそ楽しむ気持ちを大切に仕事を続けていきたいです。

――お話は尽きませんが、最後に今後の展望をお聞かせください。

同業他社は多く、時には歴史と実績のある会社を引き継がせてもらったことを羨む声も聞こえてきます。そうした方にも認めていただけるように、会社を大きく成長させたいですね。木津川で存在感を示せるような企業となり、多くの方に声を掛けてもらえるようにこれからも頑張っていきたいと思います。

（取材／2023年8月）

after the interview

野村 将希・談

「常に前向きな姿勢を大切にしておられるという吉仲社長。対談時も活き活きとした社長の明るい笑顔が印象的で、和やかな空気に話が弾みました。そんなガツガツしない柔らかい雰囲気に、周囲の方々も心を開いていくのだろうと感じましたよ。これからも社長らしさを発揮しながら、事業を成長させていっていただきたいですね。今後のご活躍を私も楽しみにしていますよ」

代表取締役
吉仲 健

【吉仲社長の足跡】京都府出身。高校卒業後は土木の専門学校に進学した。さらに1年間オーストラリアにも留学。帰国後、京都の土木工事会社で働きながら、20代半ばで個人事業主に。社員として在籍していた土木工事会社の社長の他界を受け、事業を引き継ぐ形で新たに『幸喜建設』としてスタートした。

外出や諦めていた旅行も叶えてほしい「介護＋ガイドのプロ」が万全の体制で「やりたい、行きたい」をサポートする

東京都内で、介護タクシーサービスを提供する『あやケアサポート』。降車・移動介助など外出時の重要な足として要介護者を支えている。小西社長は、要介護者向け旅行車両の配車サービスを提供する『あやトラベルサポート』も運営。親切・丁寧・安全安心のサービスがニーズに合致し、信頼を得ている。本日は、俳優の大沢樹生氏が訪問。社長とご主人で専務を務める小西秋広氏にお話を伺った。

約20年のバスガイド経験を活かし夫婦で介護業界へ参入

――小西社長が要介護者向け事業をはじめられた経緯からお聞かせください。

(亜)　以前はバス会社に勤務し、約20年にわたってバスガイドをしていました。若い世代の指導をしながら、そちらに骨を埋めるつもりだったのですが、母が難病を患ったためケアが必要になり、それまでと同じように働くことが難しくなったんです。また、コロナ禍に突入したことで旅行業界全体が打撃を受けましたが、ガイドの仕事は飛沫感染を防止するために激減しまして。そうしてバスガイドの仕事を継続することに不安を抱く原因が重なったころ、夫が介護関連の資格を取ったらと勧めてくれたんです。

(秋)　年齢を重ねるとバスガイドの仕事は体力的に厳しくなりますし、義母をケアした経験も活かせますし、彼女にとってベストな道なんじゃないかと考えました。

(亜)　バスガイドの経験と介護が結びつくとは思いもしませんでした。

――ご主人のアドバイスが、社長に転機を引き寄せたんですね。実際、バスガイドのご経験は活きましたか。

(亜)　バスガイドの仕事でも介護でも、お年寄りが幸せを感じるスイッチを見つけてオンにしてあげることが大事だと思います。共有できるのは限られた時間ですが、一緒に過ごす時間を幸せに感じてもらえる仕事がしたいという想いは、バスガイド時代も今も変わりません。

(秋)　ガイドの仕事も介護の仕事も、相手のハートをがっちり掴むことでリピートしていただけますし、相手との接し方や上手な距離の縮め方なんかは、やはりバスガイドの経験が活きているのではないでしょうか。

(亜)　確かに、例えばバスツアーは添乗員の腕次第でリピーターが増えるんですね。ガイドとして積み重ねてきたスキルを実益化できればと漠然と考えていましたが、夫の具体的なアドバイスでこうして事業を手掛けるに至っています。夫はバスの運転手で、私たちは職場で出会いました。夫は今も運転手で、仕事をこなしながら、同業者や全国の旅館関係の方々とのネットワークを構築し、起業を全面バックアップしてくれたんです。介護の勉強をする中で知り合った医療・福祉関係の方々にも随分と支えていただきました。人とのつながりに感謝しています。

――名バッテリーという感じですね。

心で寄り添うサービスを大切にどんな要望にもできる限り応えたい

――では、現在の事業内容について教えてください。

(亜)　要介護者の外出や移動をサポートする介護タクシー事業でスタートしましたが、現在は定員７名の車両を数台揃え、高齢者や障害のある方の旅行サポートも手掛けています。女性では珍しく私も大型二種免許を所有しておりますし、ドライバーは全員、介護に関する研修を受けており、お荷物の運搬や付き添いはもち

あやケアサポート 株式会社
あやトラベルサポート

【本　社】東京都足立区西加平 1-1-6
【営業所】千葉県松戸市千駄堀 1498-23

様々な用途に対応できる車両を取り揃えています。

エスクァイア（定員７名）
ハイエーススーパーロング（定員７名）
ハイエース（定員７名）
アルファード（定員７名）

あやケアサポート

専門のドライバーが運転する車両には、車椅子・ストレッチャー対応で、輸液ポンプやシリンジポンプ、吸引機、点滴棒、エアウィーヴ、酸素ボンベなどの設備を整備。また、ドライバーは介護に関する研修を受けており、患者様の移動だけでなく、必要に応じてお荷物の運搬や付き添いなど総合的にサポート。

あやトラベルサポート

私たちの介護タクシーは、お客様の安心・安全を最優先に考え、快適な旅行をサポートします。国内の様々な観光地や宿泊施設を取り扱っており、お客様の旅行プランに合わせたオリジナルツアーを提供。ご家族やグループでの旅行にも対応。

専務
小西 秋広

代表取締役
小西 亜矢子

ろん、必要に応じて的確なケアを提供できます。元添乗員のスタッフが、旅行プランやルートなどについてアイデアを出し、みなさんの希望を叶えるためにご相談に乗れることが私たちの強みです。
（秋）　車椅子やストレッチャーに対応できる医療・介護用の設備を整備した大型車両で、おひとり様での旅行から家族やケアスタッフが同伴する旅行、団体旅行までサポートします。要介護者になると旅行を諦めてしまう方が多いですが、諦めていた旅行を楽しんでほしいという想いで、安全で快適な思い出づくりを支えています。

――それなら安心して外出や旅行を楽しめますね。

（亜）「今すぐ来てほしい」「こんな場所も回れますか」「こんな介助が必要ですが、旅行は難しいでしょうか」など、どんなご要望・ご相談にもできる限り応えています。お客様との出会いも一期一会ですし、数ある介護タクシー会社の中から私たちを選んでくださったご縁を大切にしたいんです。同じような悩みを抱えたご親戚やご友人を紹介してくださるお客様も多く、心をこめて寄り添う気持ちが伝わって、人から人へと結びつきが広がっていくのを嬉しく思います。

――こちらのサービスへの評価ですね。

（亜）　この仕事にはスキルと知識が必要ですが、それ以前に利用者さんへの優しさと思いやりが大切です。心で寄り添い、心を通わせられるか、そこを大切にしていることが伝わっているのだと思います。

――今後については、どうお考えで？

（秋）　ウィズコロナの時代となり、旅行ニーズが戻ってきているので、旅行車両のご依頼は増えていくと見込んでいます。加えて、妻は一般の方向けのバスツアーの仕事も掛け持ちしており、本当に多忙。バスツアーのプラン立案なども事業と並行して進めているので、仕事を任せられる人材を育てることが目下の課題ですね。私自身は、介護士の資格を取得し、勤務先を定年退職後は妻と一緒に働きたいと考えています。

――それは、社長も心強いでしょうね。

（亜）　はい。地域に密着した介護タクシー会社としてどう生き残りを図るかが今後の課題です。がむしゃらに進む日々ですが、夫が入ってくれる日までしっかり事業を守っていきたいです。それから、『あやケアサポート』『あやトラベルサポート』を、社員たちが定年を迎える年になって以降も勤められるような受け皿、居場所にしたいですね。

（取材／ 2023 年 8 月）

guest interviewer
大沢 樹生（俳優）

after the interview

「『私のポテンシャルを私自身以上に理解している人』とご主人の小西専務について話された小西社長。ご友人や仕事仲間と支え合いながら毎日を大切に過ごしたいとお考えのご夫婦で、人生のパートナー。お二人の笑顔がとても幸せそうでした」　大沢 樹生・談

COLUMN

良き旅になるよう誘いたい

「バスガイドは私にとって天職でした」と話す小西社長。その醍醐味は、「自分の語りの世界に人を引き込むこと」だという。「付き合いでツアーに参加し、最初は無関心なお客様が、徐々に身を乗り出して聞き入るようになり、車窓の外に見える景色を指さしながら周りの人と楽しそうに談笑される。そんな様子を見るのが、バスガイドとして一番の喜びでした」。現在、『あやトラベルサポート』の利用者は、十人十色。かつては豪華客船で世界を旅した経験があるが重度介護者となった人、重い身体障害のために何年も外出していなかった人――虚無感に満ちたそんな人たちの表情が、旅の中でみるみる明るくなっていき、笑顔がこぼれる。現在も旅に同行する社長に徐々に心を開き、自身の人生を語り始める人もいるという。「旅を通して、活力を得ていただきたい」――良き旅を演出する案内人として寄り添い続ける。

COMPANY PROFILE

合同会社 Re'make

東京都日野市程久保 8-37-4 トップヒルゲート 102

東京都を中心に軽貨物運送業を行う『Re'make』。前職は料理人という異色の経歴の持ち主である椛嶋代表は人材を大事にした会社づくりを行っており、築かれた高い結束力で以て設立から順調に業績を伸ばしている。社員の挑戦を後押しするために、今後は別事業への展開も見据えている代表。本日は俳優の野村宏伸氏が同社を訪れ、代表にインタビューを行った。

料理人としてキャリアをスタート その後、友人の誘いで異業種へ挑戦

――まずは、椛嶋代表のこれまでの歩みから伺います。

昔から料理を作ることが好きで、調理専門課程のある高校へ進学。そこで調理師免許を取得し、6年ほど東京都内で料理人として経験を積みました。仕事としてやりがいがありましたし、周りに実力のある方がたくさんいましたので、刺激を受けましたね。しかし、色々な店で修業をしていく中で収入面でも不安がありましたし、「これは自分が本当にやりたいことなのか」と今後について悩むようになったんです。そんな時に勤めていた店の総料理長から「料理人に向いていない」とはっきり言われました。それまでは周りから「若いのにすごいね」と褒められることが多かったですから、その言葉は衝撃的でしたね。

――もしかすると総料理長なりに厳しい言葉で発破を掛けようとしたのかもしれませんね。

そうかもしれません。総料理長はとても厳しい人で、褒めて伸ばすというタイプではありませんでしたから。しかし、私自身がちょうど身の振り方を考えていたこともあり、その言葉で改めて自分に向き合うことができました。そして、料理の世界から離れて、別の景色も見てみようかと思い始めたんです。

――料理の道一筋に歩んできたわけですが、現在のお仕事はどのようなきっかけで始められたのですか。

何の仕事を始めようかと模索していた時に軽貨物運送業界で働いていた友人から「この業界はこれから伸びる」という話を聞いて、軽貨物運送の仕事に興味を持ったんです。そして、その友人の勧めもあり、まずは1カ月でもいいから個人事業主としてやってみようと、この仕事に挑戦してみることにしました。

――全くの異業種からの転身でしたが、いざ始められていかがでしたか。

働き始めて分かったのですが、この業界は個人事業主の方が多いんですよ。ですから、年齢も経歴も様々な人が集まっていて、出会う方がみんな面白い方ばかりだったんです。そうして仕事を通して人との出会いを楽しむようになっていき、「これからも続けていきたい」と思うようになりましたね。それから仕事に励んでいくうちに、あっという間に3年ほど経ちました。

経験を積み重ね、会社を設立 感謝を胸にさらなる成長を目指す

――仕事内容ではなく、そこで働いている人たちに興味を持ったのですね。会社設立までの経緯は？

周囲への感謝を胸に事業に邁進――
社員の夢を実現できる会社になりたい

Column

『Re'make』の椛嶋代表は対談中にスタッフや奥様への感謝の想いを語ってくれた。代表の人を大事にする誠実なお人柄は会社づくりにも現れている。同社は若いドライバーが多いが、入ったスタッフが友人に同社を紹介するという形で自然と集まっていったそうだ。人材不足が課題となっている業界でそのように人が集まるのは、代表の人徳だろう。

今後は新たな事業展開を見据えている代表。経営者となって周囲から「もう現場に出る立場ではない」と言われ、自分は人を動かす立場にいるのだと改めて気付いたそうだ。そして、スタッフ、家族のためにという想いでより一層励んでいく決意を固めた。代表は周囲への感謝を胸に、その強い利他的な姿勢と責任感で同社を力強く牽引していくだろう。

ドライバーとしてある程度経験を積んでいましたが、新たに経営者として自分がどこまで通用するか挑戦してみたいと次第に独立に興味を持つようになったんです。また、仕事を通して経営者の方とも知り合って色々なお話を聞くことができたので、「自分にもできるかもしれない」と自信を持てました。そして、満を持して2022年に軽貨物運送業を手掛ける共同代表である川西と共に『Re'make』を立ち上げました。

――好奇心を持って仕事に邁進していく、代表の姿勢は経営者向きだと思いますよ。スタートから1年ほど経ちましたが、手応えはいかがでしたか。

優秀なスタッフに巡り会うことができて順調に業績も伸びており、初めての会社経営にしては良い数字を出せているのではないかなと感じています。現在、業務委託をしているドライバーが20人ほど在籍しております。とても優秀なスタッフばかりで、みなさん頑張って働いてくれているので感謝しかありません。やはり人が一番大事ですね。

――そうして優秀なスタッフが集まるのは、川西共同代表と行う誠実な会社づくりがあるからこそでしょうね。お二人のバランスの良さが窺えます。最後に今後の夢があればお聞かせください。

個人としては、これまで付いてきてくれたスタッフたち、挫けそうな時も支えてくれた妻に感謝の気持ちを伝えたいです。周囲の方々の助けがあったからこそ、ここまで来ることができました。これからもその感謝を胸に、恩返しできるように成長していきたいと考えています。会社としては、新たに別事業への挑戦を見据えています。先ほどもお話ししましたが、この業界には色々な知識や技術を持った方が集まっています。ですから、スタッフがこの軽貨物運送の仕事以外にもやってみたいことを実現させてあげたいんです。例えば、私でしたら、「いつか飲食店を開きたい」という目標があります。そのように幅広く事業を展開できるベンチャー企業になりたいです。そのためにもしっかりと事業基盤を固めて、会社として新規事業へ挑戦できる体力を蓄えておきたいです。

(取材／2023年8月)

After the Interview **野村 宏伸**

「『スタッフたちが楽しく働いてくれているのが嬉しい』と対談で話していた椛嶋代表。そんなスタッフ想いな代表だからこそ、周囲に人が集まり、会社としても順調に成長を続けてこられたのでしょう。代表は2024年2月に結婚式を挙げられるそうですが、そのお人柄で温かいご家庭を築いていくことでしょう。陰ながらではありますが、代表の今後を応援していますよ！」

市井紗耶香
ゲストインタビュアー

春芳志
『㈱88』代表取締役

special × interview

卓越した技術と豊富な知識で 抜群の顧客満足度を誇る広島屈指のサロン

全国25万軒の美容室の中から、世界に発信できる技術を持つお店を選出する「KAMI CHARISMA2022アワード」。「カラー部門」において広島県内唯一の受賞店に選ばれたのが美容室、ネイル・アイデザインの店舗展開を行う『88』の『fudge』だ。セミナー講師である春社長を筆頭に実力派スタイリストたちが揃う同店を、タレントの市井紗耶香さんが訪問。社長にインタビューを行った。

目標を定めて腕を磨き独立 自分のペースを大切に歩む

――『fudge』さんはとてもスタイリッシュなお店ですね！　こんな素敵な空間で施術していただけると思うとワクワクします。春社長は中国エリアを代表する美容師だと伺いましたが、まずは起業されるまでの歩みをお聞かせください。

私は福岡県出身で高校時代に広島に来ました。そして高校卒業後は美容専門学校に進学。卒業後は東京の飲食店などでアルバイトをしていましたが、22歳の時に広島に戻ってきて美容サロンで働き始めました。周囲に独立希望者が多かったことや将来のことを考えた時に起業したほうが良いだろうと思い、25歳で独立すると決めました。そこからは休日返上で働き、金銭的にも切り詰めるなど本気で仕事と向き合い、起業に至りました。

――私の夫も美容師なんですが、最近はスタイリストデビューも独立するかどうかの判断も早い傾向にあるそうですね。それでも3年で独立はなかなかできることではないですし、とても努力されたことが伝わってきます。実際に独立されてみていかがでしたか。

ゼロからのスタートで自信がなかった半面、不安もありませんでしたね。私は細々と目立たずにやっていきたい気持ちが強いので、自分のペースで歩みつつここまでやってこられたと感じています。

――コロナ禍では美容業界も大変でしたが、御店は影響を感じられましたか。

街がロックダウンした1カ月間はどうなることかと思いましたね。ただ、比較的体力があったため、無事に乗り切ることができました。

直向きな仕事が結果に繋がり店舗拡大 新たな挑戦も見据える

――コロナ禍でも影響が少なかったのは、他店にはない強みがあるからだと思います。それは何でしょう。

カラーリングは、この地域でも屈指という自信があります。特にハイライトやバレイヤージュスタイルなど、広島の美容院ではなかなかできないデザインカラーが得意です。私は店舗運営以外に美容メーカーのセミナー講師も務めており、多くの美容師と繋がりがあります。講師

として東京には毎月、大阪には毎週くらいのペースで訪れており、トレンドをいち早く広島に持ってくることができるんですよ。近年は「広島の美容室でカラーが上手いお店なら『fudge』」と認識していただけていて、とても嬉しいですね。

——都会で人気のカラーを、いち早く近場で施術していただけるのは、オシャレに敏感な方々にとってすごく嬉しいでしょうね。

お客様に喜んでいただけるのは、私共にとっても励みになります。ありがたいことに順調に店舗を拡大できまして、現在は美容室、ネイルサロン、まつエク専門店などを複数運営しています。ホットスパやエステサロンも併設した女性に喜ばれる店舗展開を進めており、口コミで徐々にお客様が増えています。技術面はもちろん、内装を含めたお店の雰囲気づくりにもこだわっているんですよ。スタッフも女性中心で、美容師免許を持っているママさんを採用し、週休2日制で夕方17時には閉店する形をとっています。

——働きたいけれど子育てとの両立は難しいという潜在美容師さんが多い中で、働きやすい環境づくりに取り組んでおられるのですね。最後に今後の展望についてお聞かせください。

今後10年は会社の体力をさらに付けるためにも、IRで活気づく大阪を拠点に不動産事業も展開していこうと考えています。

——不動産業界に興味を持たれたきっかけは何だったのですか。

お客様の中に不動産投資会社を設立された方がいらっしゃって、全国展開しているデベロッパー様を紹介していただいたことがきっかけです。金額も規模も非常に大きい仕事をされている方を目の前にすると、尊敬の念が湧きますし、勉強になることも多いだろうと思います。私自身、声を掛けていただいてとてもワクワクしており、その方のレベルまではいかなくても、自分のペースでどこまでいけるか、そのプロセスを楽しみながら進めていきたいと思います。

——楽しみですね！　不動産事業においてもぜひ活躍してください。私も応援しています。

（取材／2023年7月）

株式会社 88

広島県広島市中区袋町 7-31 並木 K3 ビル 2F

88 by fudge

広島県広島市中区本通り 1-2 サンシャイン 4 ビル 2F

fudge

広島県広島市中区袋町 7-31 並木 K3 ビル 2F

ROW

広島県広島市中区三川町 10-18 並木 COXY ビル 3F

>>>

《fudge》

《88 by fudge》

COLUMN

世界に誇る技術とセンス

美容業界のミシュランとも言われる「KAMI CHARISMA」。日本の美容の価値を極限まで高め、美容の在り方に一石を投じることを目的に行われる政府公認のコンテストだ。その選定基準は技術力・デザイン力・仕事への真摯な姿勢・今をつかむ表現力・ブランド力・世界への発信力・売上力の7つ。専属の総合審査員が正当な評価で選出していく。『fudge』が受賞した2022アワードでは61軒のサロンが受賞。中国エリアでは同店が唯一受賞した店舗だ。非常に高度な技術とセンスを持った日本を代表する美容室で、全国25万軒の美容室の頂点でもある——まさにカリスマ的な魅力を持つお店であることを証明している。

after the interview

「とても謙虚でありながら、大都会の店舗でなくても流行最先端の施術が受けられるようにしたり、雇用の面で地域に貢献したりと、春社長からは静かな情熱を感じました。そんな社長は若い世代にとってレジェンド的存在で、『一緒に働けて嬉しいです』とスタッフさん。今後も社長らしく歩んでいってくださいね」　市井紗耶香・談

妥協なき施工で信頼を獲得
全社一丸で高みを目指す

佐賀県小城市を拠点に電気工事、空調工事、設備設計施工、住宅リフォームなど幅広く建設業を行う『U-MAN』。「偉ぶらない、選ばない」をモットーに、いかなる仕事も妥協なき姿勢で取り組み、信頼を獲得してきた。中土井社長はスタッフファーストの想いで会社づくりを行い、スタッフと共に高みを目指して日々歩みを進めている。本日はつまみ枝豆氏が社長と同社の設計士である居石氏にお話を伺った。

家業から独立を果たし、事業に邁進　志を共にする仲間を得て体制を強化

――まずは、中土井社長のこれまでの歩みから伺います。

(中)　生まれも育ちも佐賀県小城市です。高校卒業後から家業の建設会社で10年間社員として勤務。その後、一度外に出て経験を積もうと仙台で東日本大震災の復旧や仮設住宅の工事などのボランティアやアルバイトを10カ月ほど行いました。そして、再び家業に戻ったのですが親子で仕事をしているとぶつかることもあり、ある時些細な言い争いがきっかけで家業を辞めてしまったんです。そして、そのままの勢いで独立しました。それが後の『U-MAN』です。尊敬している父の後を継ぐのがどこかでプレッシャーになっていたんでしょうね。

――お父様は後継を期待していたのではないですか。

(中)　そうかもしれませんね。しかし、父もどこかで私に独り立ちしてほしいと思っていたのか、独立の準備が何もできていなかった私を物心両面で応援してくれました。

――『U-MAN』さんの設計士を務める居石さんはどのような経緯でこちらに入られたのですか。

(居)　前職を定年退職し、再就職のために仕事を探していたところ当社を見つけました。近年はIT化やオートメーション化が進みましたが、建設の世界は今でも人間の力がないと成り立たない作業があります。つまり、自分の力でやりたいことを実現できる可能性がある仕事なんです。最初に中土井社長と会った時にそういう話をすることができて、「この会社になら第二の人生を懸けてもいい」と思えました。そして、当社に設計士として入ることに。

(中)　居石さんはいつも客観的な視点でアドバイスをくれるので、とても頼もしい存在ですよ。

(居)　前の会社は堅い雰囲気で、意思決定に時間がかかることが多かったのです

ゲスト
つまみ枝豆

ゲストコメント

「『お客様ファーストは当たり前で、スタッフファーストを大事にしたい』と中土井社長はおっしゃっており、経営者としての責任感・使命感が強く感じられました。そうした誠実な姿勢で行う仕事の積み重ねで『U-MAN』さんは信頼を集めてきたのでしょうね。同じ経営者として刺激がもらえる対談でした。これからのご活躍を応援していますよ」

代表取締役 **中土井 信**

設計士 **居石 浩行**

父親から受け継いだ誠実な仕事への姿勢

家業から独立して『U-MAN』を立ち上げた中土井社長。現在、社長の父親は自身の事務所を持って現場に立ちながらも、同社の会長に就任し、共に事業に励んでいる。そんな2人について「仕事をしている時のちょっとした癖が親子でそっくりです」と2人のそばで仕事をしている設計士の居石氏は語った。

同社は仕上げの質にもこだわった丁寧な施工を心掛け、その視点の細やかさは周囲も驚くほどだが、その背景には社長の父親の存在がある。社長は「若いころから父の丁寧な仕事ぶりを見ていました。自分も同じようにこだわることができるのは父譲りかもしれません」と父親からの影響を窺わせた。過去には親子で衝突もあったという2人。それは父親への尊敬が強すぎるが故に後継がプレッシャーとなっていたのかもしれない。現在は家族でありながら同業者として、力を合わせてさらなる高みを目指している。社長の父親は背中で語る昔気質の職人だったそうだが、社長は仕事を通して多くのことをその背中から学んだのだろう。

が、当社は社長に直接やりたいことを伝えられる風通しの良い環境です。社長はスタッフのやりたいことに全力で向き合ってくれるので、私もとてもやりがいを持って仕事に取り組めています。

人を大事にした姿勢が信頼を獲得
夢を持ち続けられる会社になりたい

——お互いが尊敬し合っていることが伝わってきます。お二人はとてもいいコンビなのですね。御社の強みはどのようなところだと思いますか。

(中)「偉ぶらない、選ばない」——早口言葉のようですが、当社のモットーです。頂いた仕事は断らないことを心掛けています。他には「仕上げはすべからく丁寧に」ということですね。例えば、配管工事では施工後に掘削した場所を元通りに埋めるのですが、その際にも当社は施工前よりもきれいな状態で納品することを心掛けています。工事自体は当然完璧に取り組むのですが、それはどこの業者も同じです。だったら当社は仕上げの質で差をつけようという考えです。その積み重ねで顧客を獲得してきました。

(居) そこまでこだわらなくてもいいんじゃないかと思えるくらい丁寧で、驚きとともに感心しましたよ。

——そうしたこだわりはきっとお客様に伝わっていると思いますよ。

(中) お客様からお金を頂いている以上、お客様ファーストは当然ですから。むしろ、お客様ファーストがある上で当社は「スタッフファースト」を大事にしています。やはり人がいなければ、会社は成り立ちませんからね。利益も可能な限りスタッフに還元し、品質管理もスタッフの意見をどんどん取り入れています。将来の夢もスタッフと共に語り合いたいと思うのですよ。

——「スタッフファースト」、良い言葉ですね。

(中) 会社として大事にしたい姿勢ですね。実は社名にその想いが込められているんですよ。『U-MAN』は「HUMAN」から取られ、人に優しい施工をしようという意味ですね。そして、「U」は不況で地域経済も低迷する中で「上昇しよう」「上を向いて歩こう」という「UP」の略でもあり、「I(自分)」よりも「YOU(顧客、労働者)」を大事にしようという想いが込められています。

——お二人のお話から、人を大事にしようとの想いが一貫して感じられます。最後に今後の目標を教えてください。

(中) 実は、当社は『シンテック』という水道配管会社のグループ会社でして、今は休業中なのですがエステ事業も一時期手掛けておりました。今でもスタッフと夢を持ち続けたいと話しており、いつになるか分かりませんが、複数の事業で収益を上げられるように体制を整えたいですね。

(居) 先が見えない厳しい時代ですが、想いを形にできるものづくりの仕事ができて幸せです。今後も社長を支え、仕事に励んでいきます。

(取材/ 2023年8月)

佐賀県小城市牛津町下砥川209
URL：https://u-man-saga.com/

技術力とアイデアで顧客のニーズに 全国の現場を支える配管工事の精鋭

愛知県刈谷市を拠点に、配管工事や電気工事を手掛けている『黒河工業』。どんな要望も断らないスタンスを貫き、顧客の期待に必ず応え続けてきた実績が評価されて、取引先は全国に広がっている。そんな同社を牽引するのは、この道一筋に研鑽を積んできた黒河社長。本日はタレントの島崎俊郎氏がインタビュアーとなり、人との繋がりや恩義を大切に歩む社長の人物像に迫った。

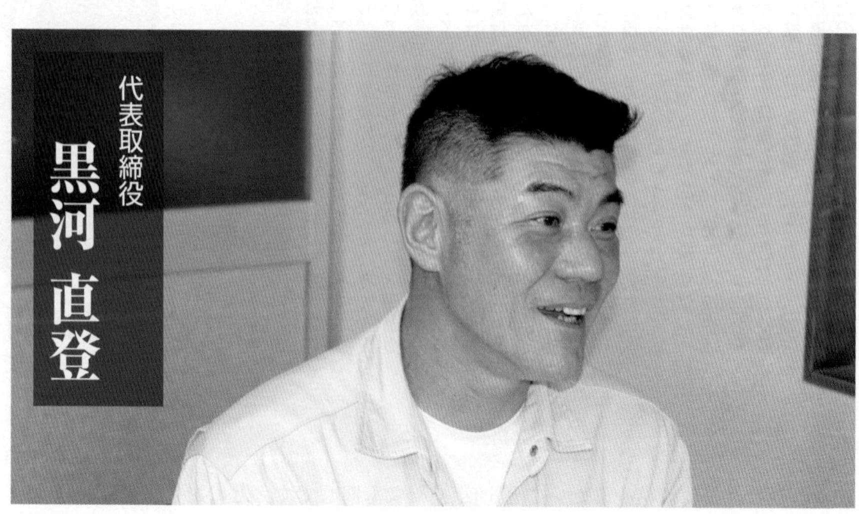

正解がないから楽しい——配管工事の腕を磨き起業する

——黒河社長はお幾つのころから配管工事に携わるようになったのですか。

中学を卒業してすぐです。私は母子家庭で育ったんですが、配管工事会社を経営していた父から母に連絡があり「やんちゃをしているなら、うちに連れてこい」ということで、父の会社で働くことになったんですよ。当時は整備士として就職先も決まっていたので、父の会社は入社までの短期アルバイトのつもりでしたが、勤務最終日に「もうメンバーだから明日も来てくれないと困る」と同僚や先輩方に言われまして。皆さんには大変お世話になったので、恩返ししなければとそのまま父の会社で働き続けました。

——義理堅いですね。お父様の会社では何年ほど修業を？

5年です。その後、別の仕事も経験してみようと1年から1年半ほどのスパンで足場鳶や鉄骨鳶などにも挑戦しましたが、やはり配管工事が1番楽しいと感じたんです。それで同業を営んでいた兄の会社で修業させてもらい、2006年、30歳で独立起業して配管工事や電気工事を手掛けてきました。

——配管工事の魅力はどんなところにありますか。

配管工事は極端なことを言えば、管の中のものがきちんと流れることが1番大切です。そうした前提がありながらも、見た目の美しさなども含めてお客様にご満足していただけるように、頭を使って提案し、打ち合わせを重ねてより良いものをつくっていくことが楽しいですね。30年以上の業歴がありますが、未だに現場毎に答えが異なることが面白くてたまりません。良いものをつくるために腕を磨いたり勉強したりするのは全く苦になりませんし、工事が終わってお客様から「ありがとう」と言っていただけた時は、何より嬉しいです。

必ず要望に応えることをモットーに社員と共に力を尽くす

——独立以降は順調に？

設立して18期目、当初は1社だった取引先も、今は大手も含めて24社にまで増えました。特に営業をしてきたわけではないのですが、沢山の方に支えていただきここまで来ることができました。

——仕事が1番の営業になったわけですね。お客様から支持される要因はどんな点にあるのでしょう。

どんなご要望に対しても「できません」とは絶対に言いません。当社が断ってしまえば、お客様はより費用をかけて他社に頼むか、諦めるかの二択しかなくなりますし、それではお客様が困られるでしょうから、当社では断らないスタンスを大事にしているんですよ。

——要望に全て応えるのは大変だと思いますが、その努力が技術力のアップや引き出しの増加に繋がるのでしょうね。

また、社員に対しても彼らの主体性を大切にしていて、自由な発想で取り組んでもらうようにしています。業務では設計から全て皆で話し合い、自社だけでなく関係業者の方々も含めて適材適所で作り上げていくスタイルです。ですから、どんなことでもできないことはありませんし、万が一失敗した時にはお客様に正直に伝えて謝罪し、もう一度挑戦させていただいて必ず実現するようにしています。

——任せることで、社員さんの責任感も育めますね。

そうですね。時にはそれを避けたがる者もいますが（笑）、自分の実力に鑑みて「全部は無理でも、ここは任せてください」と意欲を持って言ってくれるので、嬉しいです。当社にはそうした頼もしい人材が揃っていて、私も助けてもらっていますし、何があっても責任は全面的に私が取る覚悟です。

——社長のような方がついてくれているなら社員さんも心強いですね。そうして皆一丸となってお客様の要望に取り組む

確実に応え集団

姿勢が信頼に繋がっているのでしょう。

お客様とは今後も win-win で信頼関係を築いていきたいと考えています。お客様が困っておられる時は当社が全力で課題解決に挑みますし、反対に当社もコロナ禍で一時期仕事が減った時には取引先様に助けていただきました。お陰様でコロナの影響を最小限に抑えて乗り越えられまして、今後もお客様のために頑張ろうという思いに繋がりました。

――最後に今後の目標を伺います。

日本一の配管工事会社になりたいですね。「日本の『黒河工業』」と言われ、「ここに相談すれば大丈夫」とより多くの方に頼っていただける企業を目指します。

（取材／ 2023 年 8 月）

after the interview

「配管工事の仕事に魅了され、修業時代も独立後も弛まぬ努力を続けてこられた黒河社長。優れた技術力と、人を大切にする姿勢でお客様の要望に応え続けている『黒河工業』さんなら、さらなる発展を遂げられると思います。私も応援しています！」島崎 俊郎・談

黒河工業 株式会社

【事務所】愛知県刈谷市築地町５丁目 10 番地 6
URL：https://kurokawa-ind.co.jp

COLUMN

信頼する人のために力を尽くす

15 年の修業を経て、経営者として 18 年歩んできた黒河社長。この道を 30 年以上歩む中で、社長が変わらず大切にしてきたのは、恩義と義理人情だ。これまでには『黒河工業』の下請企業が、『黒河工業』に対して守るべきルールを無視して他社と取引を始めてしまうなど、信頼していた人に裏切られてしまった経験もある。「曲がったことが大嫌いなので腹立たしく、悲しかったですが、それでも下請企業を応援したい気持ちもあり、ぐっと堪えて送り出しました」と社長。そのエピソードを聞いた島崎俊郎氏は驚いていたが、社長は「やんちゃしていた若いころと基本的には同じ。一度信頼すると決めたら、その人のために力を尽くします」と語る。当時も仲間が窮地に立たされた時には、相手がどれだけ危険でも顧みず助け出していた社長は、今も信頼する人――顧客や社員たちの笑顔のために力の限り努力するのだ。

guest interviewer
タレント
つまみ枝豆

自宅に近い環境で個別ケア 利用者様という“花”を 大切に慈しみながら育てたい

心身の機能の維持・向上を図るためにデイサービスを利用する人が増えている。そうした人たちを「生活リハビリ」で支えるのが、『ベネフィシャル・ケア』運営の民家型デイサービス『花心』だ。敢えてバリアを残した自然とリハビリができる自宅に近い環境で、二人三脚の介護を第一義とする。本日は、辻代表、奥様の辻統括責任者、ご長男の辻介護士のもとをタレントのつまみ枝豆氏が訪問し、お話を伺った。

家族3人で築くアットホームな雰囲気 3つの方針を軸に利用者本位を徹底

――早速ですが、『ベネフィシャル・ケア』さんはご家族でデイサービス事業を提供されていると伺ってまいりました。立ち上げられたのは辻代表でしょうか。

（洋）　そうです。大学を卒業後はサラリーマンになったのですが、もともと独立志向が強く、独立して印鑑屋を立ち上げました。妻が看護師なので介護業界にも関心があり、独立時に介護業界での起業も考えたのですが、当時は介護保険制度が施行されて過渡期にあったため二の足を踏みまして。それが、約5年前に介護業界と縁があり、印鑑事業と並行してデイサービス事業の運営をスタート。お陰様で利用者様に恵まれ、こちらが2事業所目でして、現在はこちらに軸足を移しています。看護師である妻を統括責任者に据え、また昨年11月からは長男が勤務先を退職して介護士として当社に加わってくれました。

（雄）　ほぼ休みなく働く母たちの姿を見ていましたから、何とか力になれたらという想いで加わりました。

（美）　元ラグビー部で力があるので助かっています（笑）。時々、孫を連れてきてくれるのですが、利用者様たちの表情がぐっと明るくなるんですよ。小さい子どもが身近にいて、自然と世代間交流を図れるのも、当事業所のような小規模なデイサービスのメリットですね。

――アットホームですね。この業界は慢性的な人手不足とよく耳にしますが、事業所が2つあるのは、人材に恵まれているからこそなのでしょう。

（美）　おっしゃる通り、人手不足が顕著な業界ながら、20名のスタッフが勤めてくれています。デイサービスに対する方針を共有し、思い切ってスタッフに任せていますが、2事業所ともにスムーズに回っていて、スタッフたちの丁寧な仕事のお陰ですので感謝しかありません。

――その共有されているデイサービスに対する方針というのは？

（美）　3つあります。まず、地域密着型であることを大前提とし、住み慣れたご自宅でいつまでも元気に過ごしていただくためのお手伝いをしたいということ。そして、私の看護観でもあり、『花心』という施設名にも込めた「花を育てる心を大切にしたケア」の提供。3つ目は、「お世話をさせていただく」という姿勢を貫くことです。

――「花を育てる心を大切にする」というのは、利用者さんたちを花に喩えて？

（美）　ええ。花を育てるには、水と栄養が必要ですが、水も栄養もやりすぎると根腐れしてしまいます。利用者様も同じ。すべてにおいて尽くしすぎてしまうと、一人ひとりがご自身で生活する力を奪ってしまいます。どんなサポートを必要とされているかを見極めて、自立できるよう寄り添いたいんです。利用者様たちも、できることなら自分のことは自分でしたいはず。それができなくなるのが年を重ねるということであり、みなさんのお気持ちを考え、尊重することを忘れず、「お世話してあげている」ではなく「お世話させていただく」という気持ちで接しています。こちらの気持ちが利用者様に伝

介護士
辻 雄介

統括責任者
辻 美香

代表社員
辻 洋幸

わって、笑顔を見せてくださると、私たちも温かい気持ちになりますし、日々の原動力です。

民家型デイサービスならではの魅力 自宅に近い環境にこだわりたい

――アットホームな雰囲気はもちろん、こちらは環境も自宅に近いですね。

(美) そこにもこだわりました。今はバリアフリー化が進んでいますが、敢えてバリアフリーにはしていません。車を降りて入室するまでに段差を上がり、部屋を移動する時には小さな段差を乗り越え、畳から板の間、板の間からカーペットへと足を動かすことが、リハビリになるからです。着替えたり、洗濯物を畳んだり、食事したり、片付けたり、入浴したりというすべてを、こうした環境で送ることでリハビリになります。

――バリアフリーは快適で不便な想いをせずにすむ一方で、それに慣れてしまうと逆に筋力が低下したりといった弊害もありますからね。

(美) その代わり、介護経験豊富なプロが、利用者様一人ひとりにしっかり目を行き届かせ見守っています。それは、私たちに利用者様を預けてくださるご家族との約束。ご家族のフォローも大切にしていて、ご要望があれば日中だけでなくお泊まりも受けています。夜勤スタッフがきちんと見守ってくれていて、介護のプロとして経験豊富なみんなの素晴らしい働きで、利用者様も安心してお過ごしになっています。

――ご家族も安心して預けられます。

(洋) 今はAIやチャットGPTなど様々な先進技術の力を借りる場面が増えていますが、この仕事は絶対、志ある人たちが必要だと思います。

(美) 心に寄り添ったケアは、時代が変わろうとも人対人だと思います。安全に、楽しみながら日常の中でリハビリを行って、一日でも長く健康で過ごしていただきたいです。

――今後については、いかがですか。

(美) 日々、通ってくださる利用者様を最期まで見届けたいという想いがあり、看取りを行える施設を築きたいです。

(雄) 我が子が「ここで働きたい」と思ってくれるような、働きやすくて、人に誇れる組織にしていきたいです。

(洋) まずは、一人でも多くの地域の方に必要とされる事業所を築いていきます。当法人を長く存続させられるよう、事業基盤を盤石にした上で規模拡大を図っていきたいですね。

(取材／ 2023年8月)

after the interview

「辻介護士の奥様とご子息にもお会いできました。みなさん良い笑顔で、施設のアットホームな雰囲気そのもの。利用者さんたちは、居心地がいいに違いありません。いつまでも変わらず、心で寄り添う介護を提供し続けてくださいね」　つまみ枝豆・談

COLUMN

誰もが自分の花を咲かせられる場所に

「人生の先輩であるお年寄りのお世話をさせていただく素晴らしい仕事。90歳を超える利用者がいる中、残された命を精一杯に生きる姿に、逆に力をもらい、教わることも多いんです」と辻統括責任者。一方で、別れの寂しさと隣り合わせでもあるという。「私たちにできることは精一杯させていただいたと思っていても、もっとこうすればよかったという心残りに悔やむこともあります。その気持ちを決して忘れずに次に活かす、その繰り返しです」と言葉を続けた。その目には、時折、涙が光る。利用者を支えたいという想いが溢れ出す。統括責任者が『花心』の経営方針に据えた、母校『福岡東病院附属看護学校（現・福岡東医療センター）』の教育理念「花を育てる心を大切にした看護」――利用者の笑顔がそこかしこに咲く場所がここにある。

世界が2030年までに目指すゴール——

「SDGs」を企業の指針に

国連加盟193カ国の共通目標として、2015年に採択されたSDGs。
「持続可能な開発目標」を意味し、2030年までの達成を目指すこの一大指針は、
国内・国外、そして地球規模のあらゆる社会問題を包括している。
本稿では、そんなSDGsの概要を紹介していく。

世界的に着手が進むSDGs

継続可能な国際社会を目指し、2030年までに先進国と途上国が共同して取り組むべき開発目標——そんなSDGs（Sustainable Development Goals）が採択されてから、約3年が経った。各国政府が目標を達成するための活動を始めており、日本政府も推進に向けて着々と動いている。また、国家・政府だけでなく、多くの民間企業もSDGsへの取り組みを始めている。多岐にわたる分野での貢献を表明した『フェイスブック』がその代表例だ。日本においても、経団連がSDGsへの取り組みを推進しており、様々な企業が着手しつつある。それは、各企業がSDGsに取り組む価値、あるいは取り組まないリスクを理解しているからに他ならない。

これまで何十年と続いてきた現行の経済モデルは、あらゆる国や企業の発展を生んだ一方で、社会面・環境面での大きな負荷も与えてきた。その負荷は年々増える一方であり、この経済モデルが今後も続くようであれば、長期的に各企業はもちろん地球全体にとってもリスクとなることは明らかだ。その解消のために求められるのが、SDGsのような地球規模の課題解決に向けた取り組みなのである。

SDGsとSDGコンパス

SDGsは17の目標から成る（右ページ参照）。その内容を見てみると、1～6は途上国に対する開発支援が中心、7～12は先進国にも関連のある内容が含まれ、13～17は途上国・先進国を問わない地球規模の目標となっている。そんな17の目標それぞれに、具体的な課題として169ものターゲットが策定されている。

企業の事業活動とSDGsを、どのように調和すればよいのか。国連や関連機関はそのヒントとなるツールや報告書を様々提供し始めている。中でも、最も普及しているツールが「SDGコンパス」。ガイドブックは日本語版も公表されており（「SDGコンパス」で検索）、これを参照してSDGsへの取り組みに着手する企業も徐々に増えつつあるという。ぜひチェックしてみてほしい。

達成の鍵を握るのは、中小企業の存在

SDGsの達成は全ての国、あらゆる企業が力を合わせなければ到底実現できないと言われている。UNCTAD（国連貿易開発会議）の発表によると、全ての目標を達成するには毎年5～7兆ドルが必要となり、現状では多額の資金不足が指摘されている。そんな状況下で鍵を握るのが、各国の民間企業による取り組み。既に多くの大手企業が取り組んでいる現状を踏まえれば、「中小企業の貢献」こそが、今求められていると言えるだろう。

SDGsの採択文は、こんな言葉で結ばれている。

「人類と地球の未来は我々の手の中にある。そしてまた、それは未来の世代にたいまつを受け渡す今日の若い世代の手の中にもある。持続可能な開発への道を我々は記した。その道程が成功し、その収穫が後戻りしないことを確かなものにすることは、我々すべてのためになるのである」

SDGsの道程を成功させられるか否か。その鍵を握る民間企業それぞれの活動は、人類と地球の未来を変える一翼を担うことだろう。既に社会貢献に取り組んでいる企業も、事業活動の中で自然と社会貢献を果たしている企業も、今一度SDGsの17の目標を確認してみてほしい。そして、その中から自社に取り組める目標を見つけ、改めて企業の指針としていただければ幸いだ。■

SUSTAINABLE DEVELOPMENT GOALS

世界を変えるための17の目標

あらゆる場所で、あらゆる形態の貧困に終止符を打つ

飢餓に終止符を打ち、食料の安定確保と栄養状態の改善を達成するとともに、持続可能な農業を推進する

あらゆる年齢のすべての人々の健康的な生活を確保し、福祉を推進する

すべての人々に包摂的かつ公平で質の高い教育を提供し、生涯学習の機会を促進する

ジェンダーの平等を達成し、すべての女性と女児のエンパワーメントを図る

すべての人に水と衛生へのアクセスと持続可能な管理を確保する

すべての人々に手ごろで信頼でき、持続可能かつ近代的なエネルギーへのアクセスを確保する

すべての人のための持続的、包摂的かつ持続可能な経済成長、生産的な完全雇用およびディーセント・ワーク（働きがいのある人間らしい仕事）を推進する

強靭なインフラを整備し、包摂的で持続可能な産業化を推進するとともに、技術革新の拡大を図る

国内および国家間の格差を是正する

都市と人間の居住地を包摂的、安全、強靭かつ持続可能にする

持続可能な消費と生産のパターンを確保する

気候変動とその影響に立ち向かうため、緊急対策を取る

海洋と海洋資源を持続可能な開発に向けて保全し、持続可能な形で利用する

陸上生態系の保護、回復および持続可能な利用の推進、森林の持続可能な管理、砂漠化への対処、土地劣化の阻止および逆転、ならびに生物多様性損失の阻止を図る

持続可能な開発に向けて平和で包摂的な社会を推進し、すべての人に司法へのアクセスを提供するとともに、あらゆるレベルにおいて効果的で責任ある包摂的な制度を構築する

持続可能な開発に向けて実施手段を強化し、グローバル・パートナーシップを活性化する

『ちーぷ薬局』は窓口外来での調剤・服薬指導と、訪問服薬支援の２本柱で、多くの患者の健康をサポートしている地域のかかりつけ調剤薬局だ。運営会社『チープ薬局』の玉井社長は、長く薬剤師として歩む中で、まだ在宅医療が一般に浸透していなかった時代から、訪問服薬支援に力を入れてきた。細やかな心配りと小回りの利く対応で、患者本位の経営を続ける同店をタレントの松尾伴内氏が訪問。社長に様々なお話を伺った。

代表取締役
玉井 有子

Special × Interview

タレント
松尾 伴内

きめ細かな心配りと小回りの利く対応で 患者を支える地域のかかりつけ薬局

女性経営者・薬剤師として奮闘 当時は珍しい在宅医療に着目する

――玉井社長は複数の調剤薬局を運営されていると伺いました。

吹田市・大東市・守口市・阿倍野区に『ちーぷ薬局』を４店舗と『玉井薬局』を１店舗展開しています。窓口外来での調剤・服薬指導の他、在宅医療にも力を入れており、個人宅、特別養護老人ホーム、グループホーム、サービス付き住宅型老人ホーム、ケアハウス等の施設への訪問服薬支援も行っています。薬局では店舗内にクリーンルームを設置して、終末期の患者様を対象に在宅医療で必要な栄養輸液の調剤・製剤の無菌調剤にも取り組んでいます。無菌調剤を実施している調剤薬局はまだまだ少ないので、当店の強みの一つです。

――幅広い患者さんに対応されていて、まさに地域のかかりつけ薬局ですね。社長はどういった経緯で起業されたのでしょうか。

大学の薬学部を卒業後、大学で助手として働いていました。そして26歳で結婚し、1991年にまずは『玉井薬局』をオープンしたんですよ。

――薬局や病院にはお勤めはされず？

今は薬剤師となるのに病院で３カ月間、薬局で３カ月間実習に行くことが決まっていますが、当時はまだその制度はありませんでした。ですが少しでも経験を積めればと国立病院に連絡して実習に行き、そこで気に入っていただいて短期間だけ夜間診療の際の薬剤師として働いたことがあります。薬局を開いたものの当時はまだ女性の社会進出が進んでいない時代で、私が営業しても取り合ってもらえませんでしたね。そんな時に吹田市で院外処方箋を出してくださるという若い医師と出会ったんです。『玉井薬局』では制汗剤や油取り紙などを扱っていましたが、周囲にコンビニができたことにより経営が厳しくなっていました。それで夫とも相談して1999年に『チープ薬局』を設立して『ちーぷ薬局 吹田店』をオープンし、そちらを本店としました。

――吹田店オープン後、手応えは？

実は当初の予想よりも処方箋が来なかったんです。というのも、その医師の経営するクリニックはとても繁盛していて患者様も多かったのですが、リハビリ目的の患者様も多く、来院の度に処方箋が出るとは限らず、従って当店にも持ち込まれなかったんです。これではいけないと営業を始めることにして、着目したのが在宅医療でした。

多くの人に信頼される きめ細かな対応で差別化を図る

――在宅医療とは、良い着眼点ですね。

ありがとうございます。ただ、当時はまだ介護保険がなく在宅医療も浸透していなかったので、どの薬局も訪問服薬支援を行っていなかったんですよ。そうした中で、身近に往診されている医師がいらっしゃったので、その先生に倣って千里ニュータウンで動き始めました。その地域はエレベーターもないような古い団地が多く、高齢者にとっては日常の買い物も一苦労なので、お薬を持って行くととても喜んでくださいましたね。ついでに買い物を頼まれることもあり、対応したりしていました（笑）。

――そんなサービスまで……（笑）。とはいえ、患者さんたちからとても信頼されていることが伝わってきます。

その後、個人宅のみならず施設などにも配達するようになり、利便性を高めるだけでなくお薬を飲みやすくするなどの試行錯誤も重ねました。さらに特別養護老人ホームを新たに開く方に向けてのコンサルティングを行うなど、医者の紹介もあってお客様が増えていきました。

――人の輪が広がっていったのですね。

この仕事は営業力よりも紹介――つまりご縁が大切なんですよ。ご縁を繋ぐためには信頼していただけるようなきめ細かい心配りや対応が重要になってきます。お店で薬剤師を募集する際も、面接で私がいつも伝えているのは「受け身ではなく能動的に動いてほしい」ということです。外来の場合は処方箋通りに調剤してお薬をお渡しするのがメインですが、在宅の場合、依頼があればまず患者様のところに行き、お薬の確認などを行って医者に情報提供書として提出するんです。そうすると「この薬しか飲んでいないと言っていたけれど、実はこれも飲んでいる」と医師も把握できていなかった情報が出てくることがあるんですよ。当店の薬剤師にはこういった能動的な仕事をしてもらいたいんです。こうした仕事には調剤報酬点数はつかず利益にはなりませんが、医師が処方箋を出す上での貴重な情報となりますし、患者様のためにもなります。こうした積み重ねが信頼になると考えています。

——御社が多くの人から信頼され、頼られているのも納得です。最初の店舗を開いて32年、振り返っていかがですか。

患者様から頼っていただけることが私にとっても張り合いになっています。例えば終末期の患者様から「最期まで付き合ってね」と言われることも多く、光栄ですし全力を尽くそうと感じます。

今、薬局業界は競合が多く厳しい状況で、患者様に寄り添うことを考えなければ生き残っていけないと思っています。大手薬局はたくさんありますが、小回りが利いてイレギュラー対応が早いことなどを強みに「『ちーぷ薬局』を利用して良かった」と感じていただけるように努めます。また、最近新たに当社独自の服薬確認システムも作りました。このシステムを活用し、間違いのない服薬サービスを提供しながら、患者様本位の運営を続けていきたいと思います。

（取材／ 2023年8月）

after the interview

「現在も現場の第一線で活躍しておられる玉井社長。忙しい毎日を過ごしておられますが、『患者様やご家族からありがとうと言っていただけることが原動力になります』とのこと。今後も患者さん本位の経営を続けて、地域の方々の健康を力強く支えてくださいね。応援しています！」 **松尾 伴内・談**

有限会社 チープ薬局

大阪府吹田市佐竹台2丁目5-19-101号
URL：http://cheappharmacy-g.com

ちーぷ薬局 吹田店（本店）
大阪府吹田市佐竹台2丁目5-19-101

ちーぷ薬局 住道店
大阪府大東市赤井1丁目1-12

ちーぷ薬局 阿倍野店
大阪府大阪市阿倍野区阪南町1丁目51-11

ちーぷ薬局 守口駅前店
大阪府守口市本町2丁目2-11 アヴェーレ守口駅前ビル

玉井薬局
守口市寺内町2丁目2-15 エル守口内

『ちーぷ薬局』の各店舗で働く薬剤師の皆さん。
右下の写真は玉井社長が対談でも話されていたクリーンルーム。

COLUMN

地域医療に貢献する薬剤師を育成する

薬局を5店舗、管理・運営していることについて、ゲストインタビュアーの松尾伴内氏が「人材育成や管理が大変ではありませんか？」と訊ねたところ、「スタッフの皆さんは自覚を持ってしっかりと働いてくれているので、安心していますよ」と自信を持って答えた玉井社長。若手から長年勤めているベテラン薬剤師まで幅広く活躍しており、人材の層の厚さも『ちーぷ薬局』の強みと言えるだろう。同店では地域医療に貢献できる薬剤師を育成することを目的に、医師をはじめとする医療従事者や医薬品会社を迎えて定期的に実施される局内勉強会・局外研修会へ参加。最新の医薬に関する情報を取り入れて日々知識を深めている。そうして地域医療に貢献し続ける同店は、地域の人々にとって掛け替えのない存在で在り続けるのだ。

信念と行動力が繋げたご縁を活かし 重症心身障がい児の笑顔の担い手に

日本でも数少ない重症心身障がい児に特化した放課後等デイサービス『放課後デイ Granny 平塚』。児童一人に対して看護師、保育士、児童発達支援管理責任者といった複数のプロが連携・サポートすることを基本とする事業所だ。2023 年 9 月の本格始動に向けて着々と準備を進めるのは、『ウォームハンズ』の横山代表。開所に至るまでの経緯や、事業への思い、今後目指す方向性について、つまみ枝豆氏がインタビューを行った。

重症心身障がい児特化型

放課後デイ
Granny平塚

神奈川県平塚市徳延 657-1 岩崎コーポラスⅡ 102
URL：https://granny.co.jp/shop/6944/

合同会社 ウォームハンズ

神奈川県横浜市栄区鍛冶ケ谷 2-23-12

重症心身障がい児とご家族の力に その思いが退職・起業へと繋がる

――『放課後デイ Granny 平塚』さんは、今年 9 月に開所する放課後等デイサービス事業所だそうですね。まずは開所に至るまでの横山代表の歩みからお聞かせいただけますか。

神奈川県・寒川町出身で、東京の大学を卒業後は地元に貢献しようと寒川町役場で約 30 年間勤めました。そして定年を前に 54 歳で退職し、『ウォームハンズ』を立ち上げて、放課後等デイサービスを開所することにしました。

――役所に長くお勤めで、定年退職を待たずに独立起業というのはかなり珍しいケースですよね。

確かに、30 年も勤めるとそれなりに収入がありましたし、定年退職なら年金を満額受給できたでしょう。それを棒に振って退職・起業することに家族や周囲の方々からの理解はなかなか得られませんでした。ですが、私はどうしても定年退職を待つことができなかったんです。

――ほう。それは何故だったのですか。

私は町役場でのキャリアの後半、障がい児教育の部署で働いていました。障がい児の成長をサポートする役割を果たすのが放課後等デイサービス事業所で、心身に障がいのある児童の学業や生活支援を、放課後や休校日に行う施設だということはご存じの方も多いと思います。ただ、障がいが重くリハビリや医療的ケアが必要な児童は一般的な放課後等デイサービス事業所で受け入れることが難しく、断られるケースが多いんです。当時、私は重症心身障がい児を育てる保護者から何度もそのことについて相談を受けました。ですが「受け入れ可能な事業所がありません。改めて福祉課に問い合わせてみてください」と答えることしかできず、そのことに無力感やもどかしさを感じていました。このまま定年まで同じような対応を続けることに耐えられない――そう思い、起業を決意したんです。ですから『放課後デイ Granny 平塚』は日本でも数少ない重症心身障がい児に特化した放課後等デイサービス事業所なんですよ。

――ご自身の利益より、本当に困っている方の力になりたいという思いが、行動に繋がったのですね。

また、自分がこれまでに培ってきた経験や人脈を活かしたいという思いも大きかったですね。私自身、国保や福祉、学校給食関連、スポーツ関係など色んな部署で仕事をし、障がい児教育の部署に移った時に、以前関わった時の横断的な知識を活かして児童や保護者の個別のケースに寄り添えるのではないかと考えましたが､叶いませんでした。ですから、独立後はこれまで 30 年間の公務員生活で得たものを可能な限り活用していきたいと考えています。

――それほどに強い思いで独立されたのですね。

ゲスト（タレント）
つまみ枝豆

信頼する仲間と共に 利用者とご家族に寄り添っていく

――御社の事業所のこだわりや強みを教えてください。

重症心身障がい児と接する際はコミュニケーションが非常に重要で、例えば口角の上がり方や目の光で、その子が何を

COLUMN

響き合う思い

対談時、横山代表が語った通り、重症心身障がい児に対応している放課後等デイサービス事業所は非常に少ない。なぜなら利用者である児童たちは移動や排せつなどの基本動作にもサポートを必要とすることが少なくないため、職員も障がい児の介助に関する深い知識や実務経験が求められるなど、対応できる人材が圧倒的に不足しているからだ。

そうした中で信頼できる人材に出会えたことについて、「私はとても幸運です」と語る代表。しかし奇跡のような出会いも、互いの志がなければ協働には至らなかっただろう。利用者とそのご家族を思って行動する——そんな姿勢と思いの強さが通じ合ったからこそ『放課後デイ Granny 平塚』は誕生したのだ。

代表社員
横山 憲一

どう感じているのかを察さなければいけません。そこで当事業所では児童一人に対し、看護師や保育士、児童発達支援管理責任者といった複数のプロが付くことを基本とし、個別プログラムで寄り添うようにします。加えて、学校や家庭では難しいリハビリテーションにも、機能訓練士が付くことで積極的に取り組むようにします。

——それだけ手厚いと、子どもたちも保護者も安心ですね。地元の寒川町ではなく平塚市での開所を選ばれたのには何か理由があるのですか。

近隣エリアの中でも平塚は重障心身障がい児を対象とした事業所のニーズが最も高いんですよ。会社としては来年4月には2つ目の事業所を開所予定です。そちらは寒川や茅ヶ崎エリアの方々にもご利用いただけるようにしたいと考えています。

——本格始動に向けて、これからが楽しみですね！

そうですね。重障心身障がい児対応の事業所は県の認可施設で、児童発達支援管理責任者の常勤が必須です。しかしなり手が少なく、優秀な方と出会える確率は本当に低いんですよ。その点、私は高萩さんという素晴らしい方に巡り会うことができて本当に幸運でした。もし半年や1年でも起業が遅れていれば出会うことはなかったと思うので、貴重なご縁には感謝の念が尽きません。彼女以外にも看護師や保育士（児童指導員）、理学療法士で良い人材が集まってくれていて、とてもありがたく思っています。人の温かみが感じられる点も、独立して良かったと感じることの一つですね。

——信頼するスタッフさんたちと共に、とても良いスタートが切れるわけですね。今後はどんな方向を目指されますか。

仕事の幅を徐々に広げていき、障がいのある子どもたちに関わる様々な事業に取り組みたいです。需要はあるものの、制度が整っていなかったり、人材不足だったりを感じるのは、勤務時代も独立した今も同じです。今はまだ少人数とはいえ良いスタッフに恵まれているので、皆にとって良い労働環境をつくりながら、子どもたちにさらに寄り添える仕組みを少しずつ形にしていくつもりです。人を支えることで、自分たちが生きがいをもらえることもある——そのことを伝えながら一人でも多くの若い方たちに、私共の仕組みに参加してほしいと願っています。

（取材／ 2023 年 8 月）

after the interview

つまみ枝豆・談

児童発達支援管理責任者である高萩さんを交えて記念撮影

「『子どもが好きで、勤務時代に子どもたちに関われる部署に就けた時は嬉しかったですが、情熱があった分、未消化な部分もありました』と語る横山代表。今は自分の裁量で、より利用者やそのご家族の立場に立った選択ができることにやりがいを感じているそうです。素晴らしい仲間を得られましたし、皆さんで力を合わせて、笑顔溢れる事業所を目指してくださいね」

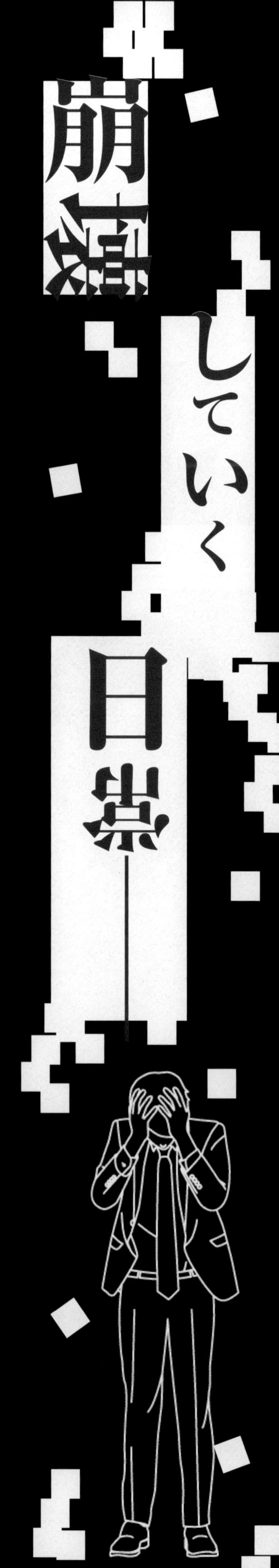

自分に対して関心がなくなる、「セルフネグレクト」。
対人関係が希薄になったり、
何事にも投げやりになったりしてしまうことから、
普段の暮らしにも様々な悪影響が出てくる。
従来、認知機能の低下などから高齢者に多いとされていたが、
近年は若い世代にも急増しており、問題視されている。
本稿では、セルフネグレクトとなる要因や、立ち直り方などを紹介。
自分はもちろん、身近な人も陥らないようにするための参考にしてほしい。

自己放任で自分を虐待する人たち セルフ・ネグレクトとは？

近年、問題になっているセルフ・ネグレクトをご存じだろうか。セルフ・ネグレクトとは、生活を維持する能力・意欲をなくし、自己の健康・安全を損なう状態のこと。具体的には本人の著しく不潔な状態や、医療・介護サービスの繰り返しの拒否などにより、健康に悪影響を及ぼすような状態に陥ることをいう。ひどい場合は食事や水分を摂取するのも怠ってしまうため、そのまま死に至る「孤独死」のリスクを高めることにも繋がる。極端な家屋の不衛生状態もセルフ・ネグレクトの特徴の一つであり、社会問題化しているゴミ屋敷や多頭飼育（多数の動物の放し飼い）との関連性も指摘されているのだ。

セルフ・ネグレクトの要因は 大きく分けて4つ

専門家によると、セルフ・ネグレクトに陥る主な要因は、大きく4つあるとされている。1つ目は「身体機能の低下」。視力が悪く見えない、筋力がなく重いものが運べない、病気の後遺症といった理由で、普通の生活をしたくても自由に動けず、セルフ・ネグレクトに発展してしまうケースだ。2つ目は認知症や精神疾患などによる「判断力の低下」。認知症になってしまったのに、一人暮らしであるために誰にも気づかれず、生活に必要な行動を取ることが困難になってセルフ・ネグレクトに繋がるケースが挙げられる。3つ目は「経済的困窮」。栄養のあるものを食べたくても食べられない、治療を受けるお金がないので望む医療が受けられないなど、無力感を感じてセルフ・ネグレクトが進行するケース。また、もう買えないと思うと捨てられずに物を溜め込んだり、家屋の修繕するべき場所を修繕しなかったりといった過度の節約も、極端な家屋の不衛生状態なのでセルフ・ネグレクトと言える。4つ目は「社会的孤立」。高齢者の場合、配偶者との死別や離婚、退職などで社会との接点がどんどん希薄になっていく。そのため、セルフ・ネグレクトに陥り、さらに誰にも気づいてもらえずに悪化の一途を辿っていくというケースだ。

高齢者に多いとされるが 2011年の調査以降、実数は不明

身体機能の低下や社会的孤立といった理由を聞くと、セルフ・ネグレクトは高齢者に多いイメージを抱くだろう。実際に内閣府が全国の市町村を対象に行った委託調査によると、2011年3月の段階で、セルフ・ネグレクト状態の高齢者は全国に9,381～12,190人いると推計されている。しかし当時は4割の市町村が回答せず、しかもその後、同じような調査は行われなかった。そのため専門家は、実際にはもっと多くの人がセルフ・ネグレクトになっている恐れがあると指摘する。

また、内閣府が同調査で、セルフ・ネグレクト状態にある高齢者に、セルフ・ネグレクトに陥った理由を調査したところ、「疾病・入院」が24％、「覚えていない・分からない」が21.5％、「特段、きっかけはない」が15.9％、「その他」が13.9％、「家族関係のトラブル」が11.3％、「身内の死去」が11％、「近隣関係のトラブル」が1.9％、そして「無回答」が0.5％となっている。ここで注目すべきは、2位「覚えていない・分からない」と、3位「特段、きっかけはない」が合計で37.4％にも上ることだ。このことからも、「いつの間にか、気がつけばセルフ・ネグレクトになってしまっていた」という人が非常に多いことが分かる。

セミフ・ネグレクト

＼ Point!! ／
女性の方がセルフネグレクト状態に陥りやすい傾向がある。

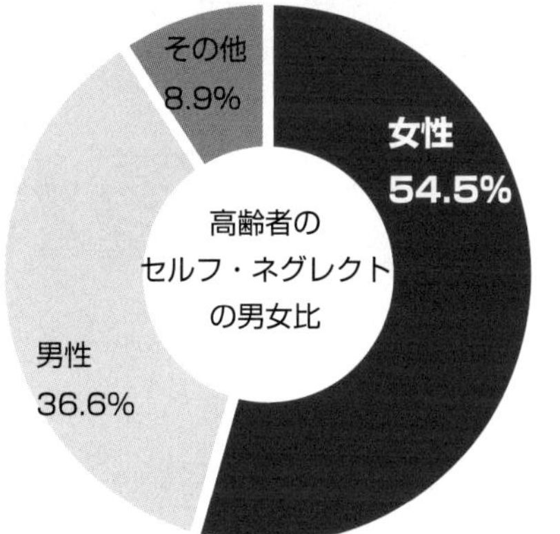

＼ Point!! ／
セルフネグレクト状態の方の約７割の人が一人暮らし。

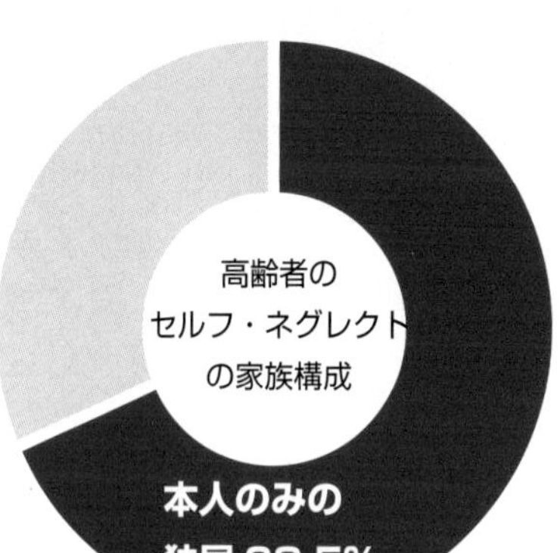

参考：セルフネグレクト状態にある高齢者に関する調査―幸福度の視点から報告書」（内閣府）

“なんとなく”から始まる若年層のセルフ・ネグレクト

若い世代も決してセルフ・ネグレクトと無関係ではない。若い世代の人々がセルフ・ネグレクトに陥る要因は、主に4つある。まず1つ目は「慣れない一人暮らしを始めたこと」。今まで親にしてもらっていた洗濯や掃除などを自分で行わなければならなくなるが、仕事が忙しく家事に割く時間がない。やがて心が折れてセルフ・ネグレクトになってしまうケースだ。2つ目は「コミュニケーション不足」。SNSで人と繋がることが主流となった世代は、現実世界でのコミュニケーションが不足してしまうことも少なくない。徐々に感情を欠如していき、セルフ・ネグレクトに近づくというわけだ。3つ目は「収入の低さ」。貯金がないことの不安や、現在の収入でどう生きていけば良いのかといった不安がストレスとなり、精神的に余裕をなくしてセルフ・ネグレクトに繋がるケース。4つ目は「精神的ダメージを受けたこと」。家族との死別はもちろん、学校や職場でのイジメ、進学の失敗などが引き金になることも多く、10代の若者でも注意が必要だ。

セルフ・ネグレクトに陥りやすい若者の特徴としては、真面目な人や完璧主義な人、プライドの高い人が挙げられる。真面目な人は責任感が強く、周囲の評価を気にして相談できずにセルフ・ネグレクトに陥りやすい。プライドが高い人も同様に、自分の悩みや困りごとを周りの人に相談できず、溜め込んでしまった結果、セルフ・ネグレクトになってしまう。

セルフ・ネグレクトから脱却するには？

もし周りの人がセルフ・ネグレクトに陥っていることに気づいた場合、どうすればいいのだろうか。

まずは「自覚させること」が大切だ。基本的にセルフ・ネグレクトに陥っている人は、自分がセルフ・ネグレクト状態だと気づいていない。だからどんどん状況も悪化する。そこで本人にセルフ・ネグレクトであることを自覚させ、本人の思いに耳を傾けることが求められてくる。なぜゴミを溜めてしまうのか、なぜ介護や医療サービスを拒否するのか。話す際には本人に対して怒ったり否定したりするのはNG。心を開いてくれるように話しやすい雰囲気をつくり、信頼関係を築くことで原因を探る。そうすると脱却のための提案も受け入れてもらいやすくなるだろう。また、「相談できる人・サポートしてくれる人を探すこと」も重要。例えば自分の親がセルフ・ネグレクト状態に陥ってしまい、どうすれば良いか悩んでいる場合は全国の自治体に設置されている地域包括支援センターなどを活用することもお勧めだ。そして再発防止にも努めること。セルフ・ネグレクトは一度治したと思っても、再発することが多いため、定期的に医者に相談するなどして再発防止に努めることが肝要だ。

多方面での活躍が期待できる 微生物の持つ優れた力

金属を食べて分解し 金を生む驚愕の微生物

「カプリアビダス・メタリダランス」。それが、毒性のある金属化合物を食べても生命活動に異常を来さないばかりか、小さな金塊のフンを出す細菌だ。水素と有毒な重金属を含む土壌の中という、他の生物は中毒を起こして生きられないような場所で繁殖している。

こうした環境にもかかわらずこの細菌が生存できるのは、ある酵素を有しており、その酵素の力によって細胞内部に有害な金属が侵入せず、体外へ排出されるためだという。さらに、排出までの過程でカプリアビダス・メタリダランスは、金塊のナノ粒子を生成するそうだ。

カプリアビダス・メタリダランスのメカニズムを利用すれば、少量の金を含んだ鉱石から金を採取できるかもしれないという。資産を生み出す次世代のペットとして、細菌を飼う（培養する）ことが未来では普通になるかもしれない。

微生物の力を活用して 人と環境に優しいライフスタイルを

微生物の力で生ゴミを分解し、安全な堆肥を作るバイオ式の生ゴミ処理機「respo（リスポ）」が、2018年6月より販売されている。「respo」は、生ゴミを分解するバイオ菌が活動しやすい温度を整えることで、効率よく生ゴミを分解できる仕様になっているそうで、投入する生ゴミによって作り出される堆肥が変化するそうだ。

そのため、家庭菜園などしている人ならオリジナルの堆肥を生み出して、今まで以上に有機栽培を楽しむことができると思われる。また、そうして栽培した収穫物を調理する際、発生した生ゴミを「respo」に入れれば再び分解されて堆肥となり――といったサイクルが生まれる。つまり、今まで捨てるのが当然だったモノを再資源化できるため、人にも環境にも優しいライフスタイルの形成に「respo」は一役買ってくれることだろう。

人間の体調だけでなく 感情も操る腸内微生物

人間一人の腸の中には、100～3000種類の微生物が100兆個～1000兆個ほどいると言われている。そうした腸内微生物によって、体調の良し悪しが変化することは周知されているが、驚くことに、「人間の感情にも変化がもたらされる」という研究結果が報告されている。

健康な数十名の女性を対象に、「バクテロイデス」と呼ばれる細菌群が腸内に豊富にいるグループと、「プロボテラ」と呼ばれる細菌群が腸内に豊富にいるグループに分かれて研究・実験が行われた。両グループの被験者には、脳のMRI検査と、ポジティブ・ニュートラル・ネガティブの3種類の感情を誘発するイメージを見せた時の、脳の反応について調査を実施。その結果、グループの違いによって脳内ネットワークや海馬領域などの差異が判明した他、ネガティブな感情を誘発するイメージを見せられた際、プロボテラが豊富なグループのほうが、不安やストレスを抱きやすいことも分かった。

人の体調だけでなく、脳の構成や感情

目には見えずとも、人や環境に影響を与えている「微生物」。毒性のある金属化合物を食べても死なずに、何と小さな金塊のフンを出すものをはじめ、人間の体内にいる腸内微生物や、光合成によって二酸化炭素から酸素と炭素を生み出す微細藻類など、多種多様な微生物が世界には存在している。そんな微生物は、有機物であれば何でも分解できるなど色々な力を持っており、産業や環境保全、宇宙開発といった種々の分野で活用しようとする研究も世界的に盛んだ。そこで本稿では、ミクロの世界に生きる彼らの特徴や生態に触れながら、微生物の可能性に迫っていきたい——。

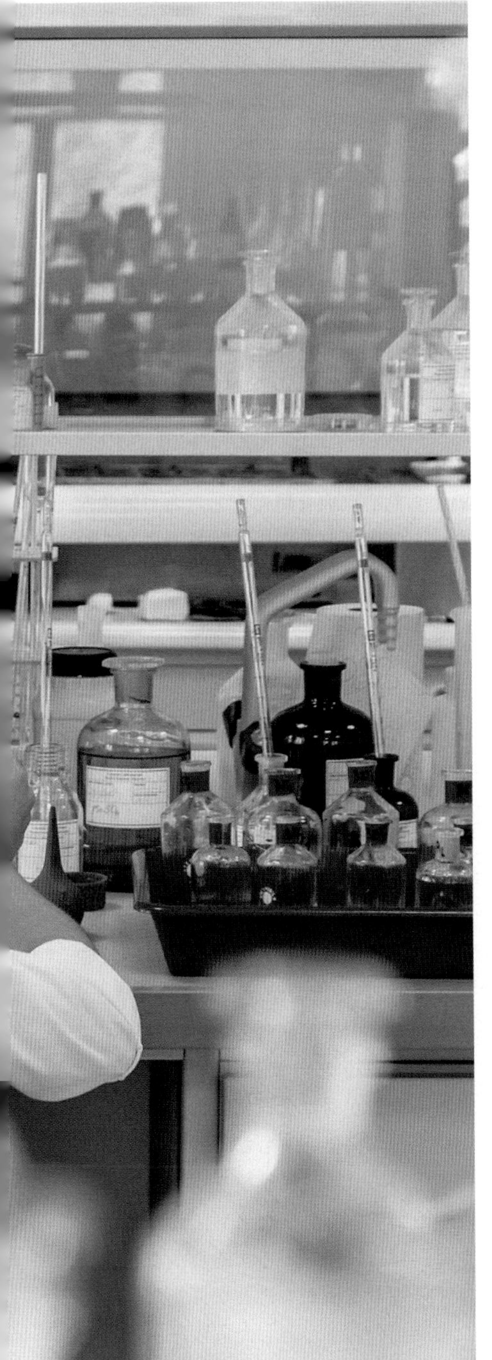

にも影響があることから、腸内微生物を軸とした新たなメンタルケアの手法なども確立されるかもしれない。そうなると、「何か今日は気分が乗らないな」という日でも、モチベーションを向上させて意欲的に取り組めるようになるかも？

宇宙開発に貢献する目に見えない生物たち

『NASA』は、2035年までに火星での有人探査を実施するという計画を発表しており、『スペースX』など火星移住計画に力を入れている民間企業も存在している。ただ、火星の環境は生物にとって過酷そのもの。強力な紫外線と薄い大気、「ダストデビル」と呼ばれる強烈な砂嵐に加え、気温は平均マイナス60℃——。そうした環境で、人が生きていく上で重要な働きをすると期待されているのが「微細藻類」だ。藻は、光合成によって二酸化炭素を取り込み、酸素と炭素に分解する。その藻から排出された炭素を用いれば、人間の食料の素となる「糖分」を生み出せると考えられているのだ。しかも、火星は二酸化炭素の総量が地球よりも圧倒的に多いという。そのため安定して藻が光合成し続けられる環境を整えることができれば、人間が生きていく上で必要な酸素と糖を生成できるエコシステムが確立できると言われている。

また、火星は発がん性を持つ有毒物質「過塩素酸」で地表が覆われているのだが、過塩素酸を分解できる「好塩菌」を人工的に生み出せれば、有毒な過塩素酸を大量に含んだ火星の水でも飲み水を作り出すことができるかもしれないという。現在のロケット技術では必要最低限の水を持っていくことすらままならないというが、今述べたような微生物が宇宙でも活動できる環境を整えられ、彼らを小型軽量の装置で送り出すことができるようになれば、火星での「地産地消」が現実味を帯びてくる。

そうした宇宙空間での生産・消費システムを構築する上で一役買ってくれそうなのが、「カビ菌」だ。彼らの中にはレーヨンやパルプなどの原料となるセルロースを生み出すものもいるそうで、そのメカニズムを活用した素材開発の研究も進められている。カビ菌が宇宙空間でも問題なく活動できる環境を作れば、火星で小型ロボットを生産できるようになるかもしれないそうだ。それに、石油由来の化学物質に代わる有機素材の登場は、火星に限らず地球環境にも影響をもたらし、変革につながることだろう。

しかし、火星で暮らすにはまだ多くの課題がある。たとえば、強力な紫外線を浴びることで体内に過剰な活性酸素が生まれてしまい、いずれ死へと至らしめる危険性がある。そこで、体内の活性酸素を除去する微生物の研究も行われているそうだ。他にも紫外線に含まれる放射線は有害だが、放射線に耐性を持つ微生物が見つかれば、そのDNA情報をもとに人間にも耐性を作る方法が見つかるかもしれないという。膨大な微生物が存在するし、決して不可能な話ではないだろう。

こうした微生物に関する研究や技術はまだまだ発展途上ではあるものの、昨今の技術革新は著しいので微生物によって未来が拓かれるのを楽しみにしたい。

ゼロ災害の現場を目指す 危険予知（KY）活動

工事現場や工場など、いわゆる現場作業に危険は付きものである。「安全第一」との標語があるように、そのことは従事者一人ひとりが日々肝に銘じていることに相違ないが、事故や災害というのは、いつどのような形で身に降りかかってくるか分からない。本稿では、それらを未然に防ぎ、ゼロ災害の現場を追い求めるべく展開されている「危険予知（KY）活動」という取り組みについて触れたい。

建設、土木、製造、物流などの現場作業に携わる人間が常に注意しなければならないのは、"安全"である。大きな機械・装置を操作したり、重量物を運搬したり、高所での作業を伴ったり……仕事の種類は様々だが、いずれも常に怪我をする危険と隣り合わせにあることが多い。そのため、多くの現場において、ヘルメットやゴーグル、手袋、安全帯といった保護具の着用がルール化されていることは言うまでもないが、それでもなお防ぎ難い不測の事態というのはどうしてもある。そうしたことを踏まえ、ゼロ災害の現場に一歩でも近付こうと展開されているのが、「危険予知（KY）活動」だ。

◆危険予知（KY）活動

KY活動は、事故や災害を未然に防ぐための動きで、2006年4月から冒頭で挙げたような各業種の事業者の努力義務とされている。主な取り組み内容としては、日常の業務に潜む危険の可能性や要因を抽出し、それに対する改善策や気を付けるポイントを確認するというもの。人間の行動のほとんどは習慣に基づくもので、無意識の判断や自然の動きで成り立っている側面が強く、潜在意識に支配されているとも言える。それだけに普段は見えないイレギュラー、即ち危険への注意はつい怠りがちになるもの。KY活動ではその点に警鐘を鳴らし、日ごろから危険に対する情報を集めて、潜在意識に根付かせることを目的としている。

◆具体的な取り組み例

まずは、現場従事者で話し合いの場を設け、危険に関する情報を共有することから始まる。危険ポイントの抽出手法としては、普段の作業風景の写真やイラストを用意し、その中で各々が考える「発生しうる危険」を指摘するというスタイルが一般的だ。ここで一つ例を示してみたい。

右の写真は、ハンドリフトを用いて重量物を運搬している作業風景である。この作業の中で起こりうる危険ポイントを募って、下記のような事柄が挙がったとしよう。

①：ヘルメット未着用のため、転んだ際に怪我をする
②：車輪に足を挟む恐れがある
③：積載量が多く、スピードを出すと急に止まれず危険
④：後方に補助者がおらず、人や物にぶつかる恐れがある

次に、挙がった危険ポイントの中で特に重要なものを選出し、その対策を決める。ここでは仮に、①と④を取り上げて対策を立てたことにしたい。

①の対策
・ヘルメットを着用する
・足下に障害物などがないか、注意して運搬する
④の対策
・後方に補助者を配置させる
・作業内容を事前に確認し、運搬経路を把握しておく

こうして決めた対策を、行動目標やマニュアルに落とし込んで、現場全体で意識の定着を図るというのが、KY活動の一連の流れだ。これによって、危険を"危険"と認識する感受性、危険に対する集中力、または危険に対する問題解決能力の向上といったメリットが見込める。

例

◆活動における留意点

既述の流れを経て決定した対策を実践する際は、お互いに指差し唱和（例:「ヘルメットの着用良し！」）を行うなど、声に出して一体感を高めることが大切だ。またKY活動は、特定の人間だけがいくら熱心に取り組んだところで意味がない。管理監督者から各作業者に至る現場の全員が同じ志を持って進めることが大原則である。一方、現場が高いモチベーションでKY活動を継続するには、経営者が活動を理解し、率先垂範することもまた肝要であると言えるだろう。

★★★

――工期、歩留まり、作業スケジュールなど、絶えず時間に追われる現場では、しばしば効率優先の体制に傾倒してしまう向きがある。しかし、いかに質の良い仕事を手掛け、優れた商品を生み出していても、怪我や災害が起こってしまうと、それだけで全てが崩れることになる。安全は何よりも大切な、現場作業の基本。それを全員が常に念頭に置き、「危険！」と感じたら、上も下もなく誰もが即座に声を上げられる現場環境を構築していきたいものである。またKY活動のノウハウは、現場関係に限らずあらゆる業種のフィールドで活かすことが可能だ。あなたの職場のちょっとした危険を、この機に探ってみられたい。

ウイスキーは嗜好品か投資商品か
——手に入らなくなった「山崎」

「響」「白州」「竹鶴」「余市」「イチローズモルト」そして「山崎」——国産ウイスキーがここ何年かで値上がりし続け、入手困難になっている。特に「山崎」は顕著で、例えば希少性の高い「山崎25年」のAmazonでの価格相場は、2017年が46万8,000円、2021年は147万円とたった数年で3倍以上に跳ね上がった。高いだけならまだしもそもそも在庫がなく、飲食店経営者も皆「山崎は入荷できない」と口を揃える。何故こんな状況になったのか。

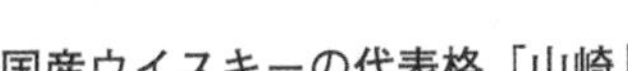

国産ウイスキーの代表格「山崎」

「山崎」は『サントリー』の山崎蒸溜所でつくられる、モルト原酒のみを使用したシングルモルトウイスキーだ。濃厚な甘みを持つ華やかな味わいから国産高級ウイスキーに位置付けされ、世界的なウイスキーのガイドブック「ウイスキー・バイブル」の中でも世界最高のウイスキーに選ばれたほど、その評価は高い。

1923年に『サントリー』の創業者である鳥井信治郎氏によって山崎蒸留所が開設され、そこから日本のウイスキーづくりは始まった。ただし、当初はどれも原酒をブレンドさせてつくられるブレンデットウイスキー。そんな中、単一蒸留所でつくられるシングルモルトウイスキーとして国内で初めて商品化したのが、1984年に誕生した「山崎12年」だった。そこから徐々に人気を確立し、2000年以降は世界的な注目を集めるようになる。

世界で注目——最高8,500万円で落札も

2003年に、世界的に有名なコンペティションであるインターナショナル・スピリッツ・チャレンジ（ISC）で、「山崎12年」がジャパニーズウイスキーとして初の金賞を受賞した。それがきっかけで世界的な評価を高め売上が加速するも、生産数が追い付かずプレミア化。価格はどんどん上がっていった。象徴的だったのが、2020年の香港でのオークションだ。「山崎55年」に、8,500万円以上もの価格がついた。「山崎55年」は『サントリー』が東京オリンピックを記念して作った限定シリーズ。1964年の東京オリンピック前後の原酒をブレンドし、限定100本330万円で販売したものだが、このオークションで定価の25倍以上になったのだ。ここまでくると、ウイスキー愛好家が飲むためだけに買う、という次元ではない。近年は投資目的で購入する人が増え、市場に大きな変化を与えているのだ。

投資商品としての国産ウイスキー

イギリスの『ナイトフランク』の、高級品の価値変化をまとめたレポートによると、希少ウイスキーの過去10年のリターン率の平均は540%。他の商品と比較にならないほど高リターンだと発表されている。そのため、若い世代を中心にウイスキーを投資の対象として選択肢に入れる人が増え、国産ウイスキーは世界から注目されているのだ。先程の香港でのオークション、「山崎55年」の出品者はいくら利益を得たのだろうか？

偽物に注意

ウイスキーに投資してみようと考える人もいるかもしれないが、仕入れには注意したい。ブランド品全てに言えることだが、偽物がよく出回っているようだ。特にフリマアプリでは詐欺被害も多く、「山崎」の空瓶だけが売買されているケースもある。中身を入れ替えて提供する人もいるだろう。購入時にはキャップの刻印の位置、出品者が信頼に足る人物かどうかなど、判断基準はいくつかある。しかし、かなりの知識を持っていないと真贋の見極めは難しい。

国産ウイスキーが投資対象として世界から価値を認められているのは誇らしいことだ。同時に、純粋にお酒を楽しみたい人からすると困った状況でもある。筆者は酒好きなので、この傾向は興味深いながらも、個人的には少々困っている。

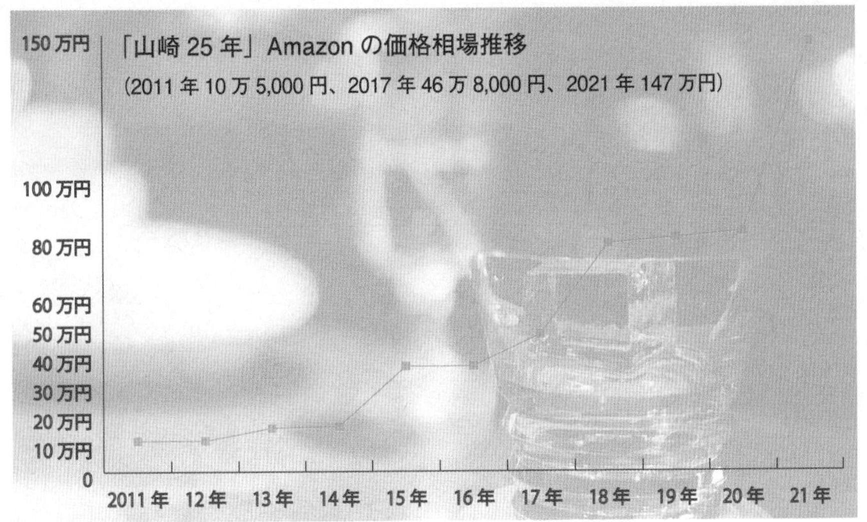

参考：「値上がりしそうな山崎ウイスキー7選と12年18年25年価格推移予想」地酒.net
「1本が数億円に!? 10年で利回り500%超えの『ウイスキー投資』今狙うべきは“カスク”」週刊女性PRIME　他

企
企業は人なり～その人物像を探る

匠
技を極めた匠

医
健やかな日々を支える医療

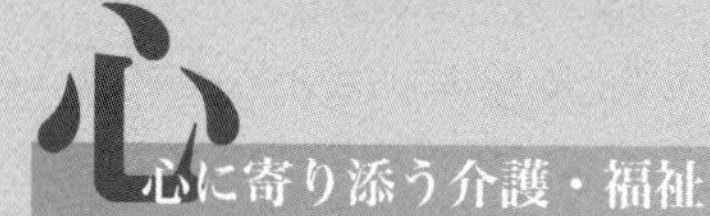

心
心に寄り添う介護・福祉

Masters 特別企画取材
president,owner,director,boss,leader,captain......

地域に生きる

士 EXPERT'S EYE

教 明日を照らす教育現場

寺 社寺聴聞

店 逸店探訪

情熱と豊富なノウハウ・技術力で以て新たな価値創造に挑戦し事業を次世代に紡ぐ

電子部品及び電子機器の開発・販売やハードウェア・ソフトウェアの設計・開発を手掛けている『TAKUMI』。豊富なノウハウと優れた技術力で、豊かなデジタルネットワーク社会の実現に寄与している。そんな同社を牽引する重南社長は、人一倍の情熱で“働くこと”に向き合ってきた人物だ。本日は俳優の大沢樹生氏が社長にインタビューを行い、その人物像に迫った。

株式会社 TAKUMI

【本社】東京都港区芝 4-3-6　URL：https://www.takumi-corp.com

勤務先の課題と向き合いながら働きプロジェクトをきっかけに経営者に

――『TAKUMI』さんでは半導体関連の事業を手掛けておられるそうですね。まずは具体的な事業内容からお聞かせいただけますか。

GPU IP や、Warping IP、メモリサブシステム IP など、半導体向けハードウェア IP 製品の販売や、ハードウェア・ソフトウェアの設計・開発を手掛けています。自社 IP 製品開発によって蓄積した豊富なノウハウと技術力で製品企画・設計から開発・評価までをハード・ソフトの両面から一貫してサポート致します。

――専門的ですね。豊富なノウハウをお持ちということは、重南社長は長くこの業界を歩んでこられたのでしょうか。

大学卒業後、半導体関連の企業に入社して以来、この道一筋です。元々エンジニア志望でしたが、最初は営業に配属されて半導体製品の販売に従事しました。当初の希望職種ではありませんでしたが、携わってみると奥深く、仕事に打ち込んでいきましたね。営業マンは通常、技術に詳しいエンジニアと組んで製品を売るのですが、営業マンが自社製品のことを詳しく知らずにお客様に販売するわけにはいかないと、半導体について必死に勉強しました。元々理系だったことも幸いして知識を身につけることができ、営業成績も好調でした。

――責任感の強さが伝わってきます。

実は辞めようと考えたことも 2 度ほどあったんですよ。それでも踏みとどまったのは周囲の方々のお陰です。私は性格上、曲がったことが嫌いなんです。会社をより良くしたいという思いが強く、入社 4 年目には会社が抱える課題を解決するためにどうしたら良いかを同期と話したりしていましたね。

――日頃から問題意識を持って働いておられたところが、一般的なサラリーマンと決定的に違いますね。そのお気持ちが独立に繋がったのでしょうか。

元々独立心はなかったんですよ。勤務時代、32 歳で技術職に異動になり、働く中であるプロジェクトを任されました。優れた技術力を持つ大手企業と連携しながらプロジェクトを進めていくというもので、混合チームをまとめるために新会社が必要になって新設されたのが『TAKUMI』なんです。そして誰が社長職を務めるかという話になった時に、私が立候補しました。当時、私は 44 歳で周囲からは「社長としては若すぎるのでは？」という声もありましたが、部門長としてエンジニアをまとめていた実績を認めていただき、就任しました。

――プロジェクトの要として、社長が適

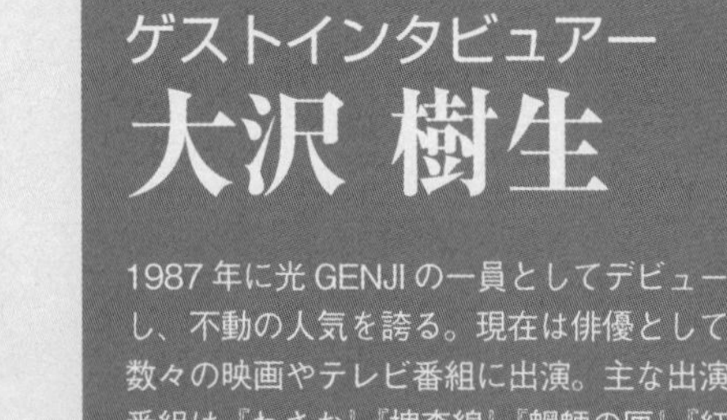

ゲストインタビュアー
大沢 樹生

1987 年に光 GENJI の一員としてデビューし、不動の人気を誇る。現在は俳優として数々の映画やテレビ番組に出演。主な出演番組は『わさお』『捜査線』『麺麺の匣』『紅薔薇夫人』『相棒 10』など多数。俳優業の他、プロデュース・監督作品も手掛けている。

SPECIAL

TAKUMI's Product & Service

電子部品及び電子機器の開発・販売

GPU IP
（グラフィックス IP）
カメラ・車載などの組み込み機器向け半導体に適した GPU IP。

Warping IP
（歪み補正 IP）
60p 8K × 4K 画像に対応。
デジカメ・IP カメラ・AI カメラなどに。

メモリサブシステム IP
（OPENEDGES 社製 IP）
バスインターコネクト／ DDR メモリコントローラ／ DDR PHY が一体に。

設計・開発サービス

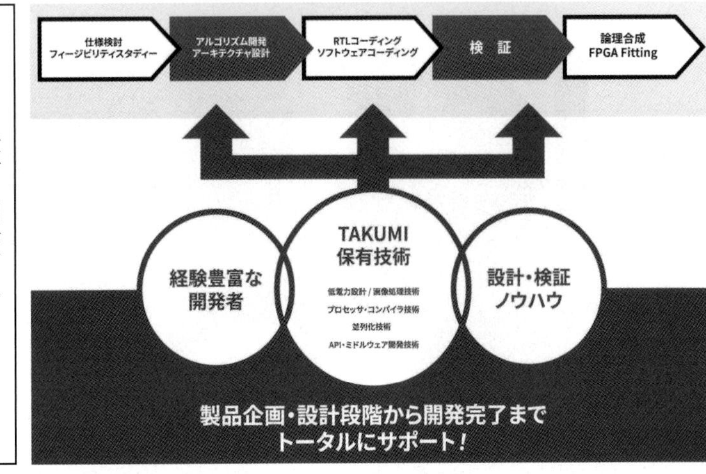

任だと思われたのでしょうね。

若い世代の力を信じて
人材の確保・育成に取り組んでいく

——経営にご興味はあったのですか。

経営にも特に興味はありませんでした。ただ、働く中でこうすればもっと良くなると思っていても、親会社である勤務先から出向している社長という立場では実現するのが難しかったんです。それで徐々に自分の裁量で仕事を進めていきたいという思いが強くなり、勤務先を退職。当社を買い取って名実共に社長になりました。今年で設立から 20 年になります。

—— 20 年に亘って実績を積み重ねてこられたのですね。振り返ってみていかがですか。

これまでの全ての経験が今に活きていると感じています。仕事だけでなく、学生時代に打ち込んでいたサーフィンの経験も糧ですね。スポーツは理論とよく言いますが、何をどうすればどんな結果に繋がるかを突き詰めて考えることを学び、それが仕事にも活きています。仕事では業務の中で摂理をつくっていくことが大切です。その摂理やアルゴリズムに基づき、どのようにお客様が動くか、何を求めておられるのかを読み取り、それに合わせて行動していく——それを考えるのが面白いですね。

——お仕事のお話をされている時の活き活きとした表情がとても印象的です。これからの展開が楽しみですが、どのようにお考えですか。

当社は技術を強みとする会社です。価値創造やイノベーションには若い力が欠かせないので、私はそう遠くない時期に引退し、次世代に事業を継承したいと考えています。そのため後継者を確保・育成しているところなんですよ。

——若い力も大切ですが、年長者の知識や経験の貴重さも負けていませんよ。

いえいえ、発想力という点ではやはり若い世代には勝てません。ただ、近年の若者はソフト面への興味のほうが強いので、ハード面に関わりたいと考える人を確保するのは大変ですね。それでも若い世代が入り、ベテランが去っていき、また若い世代が入るという循環をつくりたい。そしてあえて上場はせず、素晴らしい会社にしていくことができればと考えています。

（取材／ 2023 年 8 月）

After the Interview

「勤務時代も独立後も、強い正義感と情熱で仕事に向き合ってこられた重南社長。そう遠くない将来、引退を目標にされていますが、育成中の後進にはぜひ社長の仕事への姿勢も学んでいただきたいですね。そして社長のように力強く事業を推進していってほしいと思います」　大沢 樹生・談

INTERVIEW

代表取締役社長
重南 修

【Profile】大学卒業後、半導体関連企業に入社し、営業職を経て技術者として働く。勤務先のプロジェクトを遂行するために『TAKUMI』を設立し、出向の形で同社の社長を務めていたが、その後、『TAKUMI』を買い取り、経営に専念している。

代表取締役
中林 一樹

株式会社 Nプロジェクト

大阪府河内長野市小塩町262番地

業務内容

- 一般整備
- 車検整備
- 鈑金・塗装
- レンタカー
- 事故対応
- 貿易用車両
- 自動車販売・買取
- オートローン取扱
- オークション代行
- ロードサービス
- 各種保険取扱
- 清掃・検品業務 etc

技術力とマンパワーで自動車事業を網羅 確かな仕事でお客様の信頼を守りたい

自動車の販売・買取から、整備や車検、鈑金・塗装、ロードサービスまで自動車に関するサービスを網羅する『Nプロジェクト』。良心価格で中古車を提供するほか、自社工場を構えて近畿運輸局認証工場として質の高い整備を行っている。本日は、そんな同社をタレントの布川敏和氏が訪問し、中林社長にお話を伺った。

未経験ながら自動車事業で起業 顧客の信頼を得て成長一途

——早速ですが、中林社長が自動車業界に入られた経緯からお聞かせください。

社会に出て最初に入ったのは、建築塗装を手掛ける会社でした。そちらで約3年働き、貿易会社に転職。自動車の輸出を手掛ける会社で、自分の仕事は主に専用船への自動車の積み込みなどでしたから、実は現在手掛けている販売や整備などは経験しないまま独立・起業を果たしたんですよ。ですから当然と言えば当然ですが、苦労の連続でしたね。ガレージ一つ用意して、何から手を付けるべきなのか分からず、仕事もない。途方に暮れていました（苦笑）。

——そうなりますよね（苦笑）。どうしてこの業界で独立を？

業務経験はないものの車は乗るのもいじるのも好きだったんです。趣味の延長線上で起業したという感じですね。車を仕入れて、整備・鈑金・塗装を施して販売し、売上を元手にしてまた次の車を仕入れてというサイクルでスタートし、古物商許可を取得して販売業に着手しました。現在は、近畿運輸局認証工場としてあらゆる車種を扱っており、約15名の社員がいます。

——未経験でスタートされましたが、順調なご様子ですね。

顧客ゼロでスタートしましたので、当初は仲間に車を販売することからはじめ、得意の飲みニケーションで人脈を広げていったんです。「お前の会社で車を買ってやるよ」「うちの車、直せるか」と声をかけていただけるようになって、販売先も仕事も増えていきました。

——ビジネスは人間関係によって成り立つと言う通りですね。

私は、自分の顔を売って、信頼を得ることで商売を成長させてきました。同業者が多い業界では特に、技術力はもちろんですが、誰から買うか、誰に大事な愛車を頼むかという信頼関係が大事です。自分は、良い車を良心的な価格で提供し、自社工場を整えて設備投資に力を入れ、整備や鈑金・塗装では難しい要望にも応えることで、お客様に喜んでもらえるよう努力してきました。

——そのお仕事ぶりを周りの方々は見て知っているから、社長を頼られるのでしょう。

社員に恵まれ、「企業は人なり」を体現 マンパワーで自社を発展させていく

——業容が幅広い分、人材が必要ですよね。そのあたりは、いかがですか。

信頼できる社員に恵まれました。かつて、仕事の増加に伴って社員を雇うようになると管理する難しさに直面し、社員

の失敗によってお客様の信用を失ってしまったこともありました。責任は経営者である私にある。大変な想いもしましたが、今は信頼できる、安心して仕事を任せられる社員ばかりで、改めて企業は人なりだと感じますね。中には当社の求人を見て、高知からこちら大阪に移住してきてくれた社員もいるんです。みんなのお陰で今の当社があるので、社員たちのことを守り、大切にしていきます。

――「移住してでも働きたい」と思うほど魅力的な会社である証拠ですね。それに人間関係は合わせ鏡。社長が社員さんたちを大事に想っているから、みなさんは仕事に奮起されるのでしょう。今後については、どのようにお考えでしょう。

何かあればお客様が連絡をくださるので、迅速に対応してお役に立てる会社でありたいですね。そうして喜ばれることが、何より嬉しいしやり甲斐ですから。また、私にはこの業界でその背中を追いかけてきた憧れの先輩がいるんです。会社を大きく成長させたやり手で、豪快な一面もある方。自分も社員に目標とされるような人間になれるよう、自分自身を磨き続けます。支えてくれている社員たちが物心両面で豊かに生きていけるよう、この『Nプロジェクト』を大きく成長させたいですね。それから、自動車事業と並行して発達障害児のための放課後等デイサービス事業を手掛けています。きっかけは、保育士をしている母の勧めでした。同事業に関心があった母のためにはじめた事業でもあるのですが、放課後等デイサービスのニーズは高いので、微力ながら社会に貢献したいですね。

――引き続き、ご活躍ください！

（取材／2023年8月）

column

どんな人間になりたいか、「理想の自分」を明確に持つと、心構えや行動が変わってくる。中林社長には、その「理想の自分」を指し示してくれる存在がいる。自動車業界に身を置く先輩だ。同じ経営者であり、自社を大きく発展させたその人は、「現金一括でロールスロイスを購入するような豪快な人」と社長。会社の成長過程を見る中で、経営者として多くのことを学んだという。「自分もいつか先輩のようになれるだろうか、いや、なりたい」――憧れが目標となり、その背中を追いかけてきた。「どんどん高みへと上って行かれるので、差が縮まらない。でも、そこがまた格好いいんですよね」と社長。経営者としての自身の人間的成長の延長線上に、『Nプロジェクト』の発展を見据えている。

after the interview

布川 敏和（タレント）

「小中学校時代の同級生だという中林社長と吉田専務。当時から社長を慕っていた専務が自分が進む道について悩んでいた時に、社長が声をかけたとか。周囲の人を大切にされる社長らしい義理人情を感じます。２０１１年に二人で起業され、それから12年。今後も、お二人と社員の方々とで事業を成長させていってください」

吉田専務を交えて

ゲストインタビュアー

布川 敏和（タレント）

ゲストインタビュアー（タレント）
野村 将希

『㈱ノーツセキュリティ』代表取締役
深坂 幸夫

特別×対談

個よりも和を重んじ、最高のサービスを——地域の安全を守る警備のプロフェッショナル

交通誘導をはじめ、イベント警備、施設警備など警備関連業務を担う『ノーツセキュリティ』。「個より和を重んじる」ことをモットーに、社員間の息の合ったチームワークを活かして、地域住民の安心・安全な生活を守っている。本日はタレントの野村将希氏が同社を訪問。深坂社長にこれまでの歩みや、今後の展望など様々なお話を伺った。

一人ひとりの力を合わせて より大きなパワーを生み警備を担う

——『ノーツセキュリティ』さんでは警備サービスを提供されているそうですね。具体的にどのような警備を行っておられるのですか。

警備業には大きく分けて１号から４号まで４つの区分があり、当社では１号警備業務——ビルやマンション、工場や倉庫などの施設警備と、第２号警備業務——交通誘導や雑踏警備、工事現場などの警備業務を行っています。例えば、先日は滋賀県東近江市で開催された音楽イベントに協力会社として参加し、警備を行ってきました。

——人々の日常生活に密着した警備業務を主に担われているわけですね。同業者は多いと思いますが、御社ならではの特色や強みはどんな点にありますか。

音楽に例えますと、一つひとつの音は単調でも、沢山の音が集うとハーモニーが生まれますよね。そのように当社では個々の力よりもチーム力を活かしながら、お客様の安心・安全を守ることに力を入れています。専門スキルや専門資格を持つスタッフも多数在籍しており、お客様に合わせた柔軟な対応やコミュニケーションを大切にしていますよ。

——それは頼もしいですね。深坂社長ご自身も長く警備業界を歩んでこられたのでしょうか。

この道約20年のキャリアがあります。警備業界に入る以前は、自衛隊の駐屯地音楽隊員として勤務していました。中学生のころから吹奏楽を続けていまして、自衛官時代も普通科職種から音楽職種に転科したかったのですが、腰を痛めてしまったため２任期満了で退職することに。就職活動をする中で勧めていただいたのが、警備会社だったんです。

警備業にやりがいを見出し努力 培った経験とノウハウを活かして起業

——想定外で警備業界に入られたわけですが、20年も続けてこられたのは、やはり他にはない魅力ややりがいがあった

からなのでしょうね。

そうですね。直属の上司から「現場でお客様に対応するのはお客様である施設の方々ではなく、我々警備会社の社員であり、お客様にクレームが寄せられないのは警備員たちがきちんと仕事を果たしている証拠。警備業は究極のサービス業なんだ」と教えていただいたことが、仕事を続けていく上での私の土台になりました。クレームが来ないというのは実は難しいことなんですが、たとえこちらに非がなくてもまずは「申し訳ございません」と謝罪できるかどうかが大切なんです。そして試行錯誤する中でお叱りくださった方からの「ありがとう」の一言で気持ちが救われたりしながら、私自身も仕事にやりがいを見出し、人間的に成長することができました。

——その警備会社には何年ほどお勤めされたのですか。

10年お世話になりました。その後警備業以外の仕事も経験して視野を広げたいという思いもあって、フォークリフトの資格を活かして倉庫会社に転職したんです。ところが私の職歴を知った役員の方にその会社の警備事業部に配属されまして(笑)。そちらでも5年間勤めました。

——どうしても警備業界に戻ってくるという……(笑)。きっと天職なのでしょうね。独立への経緯と言いますと?

近畿地方の警備会社の組合にも参加し、繋がりが広がっていく中で、大阪の警備会社の社長が「京都に支社を出すから来ないか」とお声掛けくださったんです。そちらに移って働いていた時に多くの経営者と知り合い、何人もの方に独立を勧めていただいたんですよ。それで自分が理想とする会社を経営してみたいと思うようになり、勤務先の社長も独立後もサポートすると背中を押してくださったので起業を決意。昨年11月に退職して、今年3月末に警備業の認可を受けて事業をスタートしました。

——満を持しての起業ですが、手応えはいかがですか。

コロナ禍でイベント関係の仕事がなくなった時は警備業界全体が厳しい状況に立たされましたが、当社では建設現場の警備も手掛けていて、工事は絶対になくならないので需要は安定しています。むしろ国交省が施設での様々な事故を防ぐために点検やメンテナンスの強化を進めており、現場は忙しくなるので、それに伴い警備業も今後一層多忙を極めるだろうと予想しています。

——大変なお仕事ですが、これからも頑張っていただきたいです。今後についてはいかがですか。

社員との絆を深めながらアットホームな雰囲気を大切に、得た利益はしっかりと皆に還元できる会社を目指したいと思います。会社が大きくなると数字が必要になり、それを追い求めるあまり社員に無理を強いて労働環境が悪くなるという問題が業界には多いですが、それは絶対に避けたいですね。キャパオーバーにならないようにバランスを取りながら、社員たちが安心して活き活きと働ける企業であり続けます。

(取材/ 2023年8月)

株式会社 ノーツセキュリティ

京都府京都市下京区傘鉾町 43 立原ビル 4F
URL：https://www.notessecurity.com

真っ白な「ノート」に、個性を書き込み　それが集まり、私たちは創り出す
個の力ではなく、和の力で　最高品質の「セキュリティ」を奏でる

COLUMN

社員一人ひとりのスキルや経験を最大限に活かしつつ、それらを合わせることでより一層大きな力となって警備業に励む——それが『ノーツセキュリティ』の特長だ。

警備業は素早い判断力や正確な指示が必要な仕事だからこそ、社員が仲間と共に高い志と責任感を持つことが大切。同社では新任研修で「安全と安心を提供する」という警備業の基本的な価値観を学ぶとともに、現任研修で法令や業務に必要な知識を実技訓練を交えて指導するなど、社員教育の徹底に力を入れている。そうして地域の人々の生活を守り、快適な生活環境を提供することで、同社は地域社会への貢献を果たしている。

after the interview

「長く警備業界を歩んでこられた深坂社長。その中で目標にされた理想の警備会社を目指して、事業の土台づくりを行っていかれることと思います。長く歩まれたからこそ、警備会社や業界を取り巻く現状・課題に気づけたと思いますし、それを改善しながらより良い方向に導いていかれるでしょう。今後のご活躍を、私も楽しみにしています」

野村 将希・談

木造・RC造・鉄骨造解体工事業全般対応

東海西建設株式会社

【本社＆資材置場】
三重県鈴鹿市西庄内町 1834 番
URL：https://tokainishi.com/

誠実かつ丁寧な施工で顧客の信頼を獲得

三重県鈴鹿市にて木造・RC造・鉄骨造解体工事業全般を行う『東海西建設』。経験豊富なベテランから活気溢れる若手まで多様な職人を擁し、顧客第一の姿勢で手掛ける丁寧かつ誠実な施工が魅力の会社だ。アバス会長は「スタッフたちと楽しく仕事をしたい」という想いで人を大事にした会社づくりを行い、全社一丸となって高みを目指して日々事業に邁進を続けている。本日はタレントの島崎俊郎氏が同社を訪れ、会長と奥様である西主任にインタビューを行った。

代表取締役会長
ポラット アバス

営業主任
西 友紀

日本に移り、解体工事の道へ 経験を積んで二人三脚で独立

――まずは、アバス会長のこれまでの歩みから伺います。

（ア） トルコで生まれ育ちました。20歳のころ、軽い気持ちで兄が住んでいた三重県四日市市に遊びに行ったのですが、妻との出会いがきっかけとなり、そのまま日本に残ることに。今30歳ですので、日本に来て10年経ちます。今でも考えますが、まさか自分が日本で結婚するとは思いませんでしたね（笑）。

――奥様である西主任に出会わなかったら今の会長はなかったわけですね。主任のご出身は？

（西） 私には日本人の父、ブラジル人の母がいまして、国籍は日本ですが生まれはブラジルなんです。5歳から三重県で育ちました。

――会長が日本に来て最初に就いたのはどのような仕事だったのですか。

（ア） 最初はメッキ工場で1年ほど働きました。工場内でも一番頑張っていたと思いますが、毎回手が痛くなるほどきつい仕事でしたので転職することに。かつてトルコでユンボを動かした経験があったので、次は解体の仕事をしてみようと考えました。

（西） 当時はまだ結婚をしていなかったのですが同棲中でした。私は三重から一度離れてみたいという想いもありましたし、夫は知り合いがいる愛知県で解体の修業をしたいということで、2人で愛知県に移ることにしたんです。そこで私は一から仕事を探し、夫は解体の修業を始めましたね。そして、そのまま愛知県で結婚しました。

――日本とトルコでやり方が違うところもあると思いますし、修業は大変だったのではないですか。

（ア） そうですね。トルコの解体工事とはやり方が全く違いましたので、一から勉強し直しました。仕事を覚えていく中

COLUMN

人を大事にした会社づくり

堅実かつ真摯な解体工事を行い、地域で高い信頼を集める『東海西建設』。同社が確かな技術力を築いた背景にはアバス会長のスタッフを想った会社づくりがあった。会長はスタッフと密なコミュニケーションを取るように心掛け、月に１回はスタッフを交えてバーベキューを行ったり、年に１〜２回はアウトドアを楽しんだり、忘年会を行ったりするなど社内でイベントを企画して、スタッフ同士の交流を図っている。「今は会長という立場ですが、当然ながら私も前職では普通のスタッフとして働いていました。ですから、会社づくりにおいてもスタッフ視点を意識しているんですよ」とその想いを教えてくれた。

人を大事にする会長の「人を見る目」は独立後のある経験で養われた。独立当初はお金のことで騙されたり、果ては逃げられたりということもあったそうだ。そんな中でも「良い勉強になった」と前を向いて進んでいった。「ある時、打ち合わせで相手の支払いに不安を感じたのですが、その予感は的中しました。過去の経験を経て、人を見る目が鍛えられたような気がします」と語った。会社の舵取り役である代表取締役は高い判断力が問われる立場だが、会長は実地で社会の中で生き残っていく術を学んでいったのだ。

高い結束力でさらなる成長を目指す

で任されることも増えていき、次第に独立心が芽生えていきました。それが25歳のころですね。

（西）　1年かかるようなことを半年でできるようになったりと、夫はとても飲み込みが早いんですよ。

――仕事の腕もさることながら、日本語もお上手ですし、会長は地頭が良いのでしょうね。

（ア）　どうなのでしょう（笑）。頑張ったら、できないことは何もないと思っているんですよ。それに、年を取ってからでは遅いから、若いうちに頑張らないといけないと思って一生懸命に取り組んできただけですよ。

顧客第一の姿勢が信頼を獲得　さらなる成長を見据えて前進する

――「独立したい」と会長から聞いた時、主任はどう思いましたか。

（西）　最初は反対でしたよ。しかし、その後も独立したいというアプローチが何回もあり、私も応援しようと決めました。そして、「私が生活費を稼ぐから、やってみなさい」と背中を押しました。

――独立においても、主任の存在はとても大きいですね。念願の独立を果たしたわけですが、当初はいかがでしたか。

（ア）　お金のことで騙されたり、逃げられたりしたことは一度や二度ではありません。やる気を失いかけたことも何度かあります。しかし、しっかりと売上を出すことができていた側面もありました。ですから、これからも真面目に仕事を続けていけば、業績を伸ばせるだろうという想いで歯を食いしばって立ち上がりました。今では、良い勉強になったなとプラスに捉えられています。

――そうしてポジティブに考えられるのは素晴らしいですね。つらい時期を乗り越え、現在御社では何名の人員が働いておられるのですか。

（ア）　2年前に法人化を果たし、今のところスタッフは7〜8名で、アルバイトを含めると13〜14名がいます。これからインドネシア人の技能実習生も受け入れる予定ですよ。『東海西建設』は経験豊富なベテランから勢いある若手まで、幅広い年齢層の職人を擁しており、木造、RC造、鉄骨造など、規模の大小にかかわらず様々な建築物の解体に対応できます。

――会長がお仕事をする上で大事にされていることはありますか。

（ア）　安全第一はもちろんですが、お客様に喜んでいただきたいという想いで仕事に取り組んでいます。例えば、現場の近隣住民の皆さんに毎日挨拶したり、現場に出るときは付近の道路を掃除したりという風に心掛けています。また、そうした想いをスタッフとも共有するために、丁寧なコミュニケーションを取ることも大事にしています。

――そうした想いで励まれているお仕事はきっと誰かが見ていますよ。最後に今後の夢があればお聞かせください。

（ア）　ありがたいことにお仕事をたくさん頂けるようになりました。これからもスタッフたちを大事にしながら仕事に励み、お客様の期待に応えるために会社を大きくしていけたらと考えています。もっともっと頑張っていきますよ。

（取材／ 2023 年 8 月）

after the interview

「本日は対談で伺いましたが、今度はテレビの取材も受けられるそうです。そうして注目が集まっているのは、『東海西建設』さんが良いお仕事をされている証ですね。職人さんによる確かな施工とアバス会長の人を大事にした誠実な想いが信頼を集めたのでしょう。これからも順調にステップアップしていくでしょうが、夫婦二人三脚で力を合わせて前へ進んでいってくださいね」　島崎 俊郎・談

福祉事業と動物愛護活動を通じ命と社会を結ぶ場をつくる

地域密着型の訪問介護・生活支援事業、シェアハウスの運営などを展開する『つむぎ福祉ハーネス』は、医療的ケアが必要な重度障がい者を中心とした利用者と、そのご家族のサポートを行っている企業だ。同社の鳥澤社長は、他にも複数法人にて訪問看護サービスの提供、サービス付き高齢者住宅の運営、包括的地域医療サービスの構築、動物愛護活動などを行っている。本日は俳優の野村宏伸氏が社長にインタビュー。事業を通じて、社会に貢献し続ける社長の思いに迫った。

難病に屈することなく30年以上医療業界を歩み続ける

――鳥澤社長が運営する法人では福祉における様々なサービスや動物愛護活動を行っておられるとか。社長は長く介護福祉の分野を歩んでこられたのですか。

私は起業するまでの30年以上、福祉ではなく医療の分野を歩んできました。社会人の第一歩目は救命救急病院に勤める放射線技師だったんですよ。子どものころ小児喘息に悩まされ、病院が身近だったことから医療の道に進んだんです。しかし35歳の時に難病である網膜色素変性症を患いまして。完治への根本的な治療法はなく、失明率は8割に上るということで当時は本当にショックでした。それで仕事を続けることが難しく放射線技師を辞めたんです。

――お若くしてつらい経験をされたのですね……。どのようにお気持ちを立て直されたのですか。

病院の理事長に相談に伺った時に励ましていただいたんですよ。さらに定期健診や人間ドックの手配をする健康管理センターの準備室を設立するということで、準備室長に抜擢されたんです。打ち込む仕事ができ、本当にありがたかったですね。そして人材の雇用や行政・企業との契約などに奔走し、無事にセンターをスタートさせることができました。その後も長年勤める中で、時代の流れにより医療体制や制度が変わってきたことから、58歳で退職して介護福祉業界で起業することにしました。

医療業界を歩んで見えた課題を解決すべく介護福祉に挑戦する

――年齢を重ねるほどに介護福祉の分野に挑戦するのは大変な印象がありますが、なぜこの分野を選ばれたのでしょう。

病院勤務時代に医療保険制度が変わり、治癒が困難な慢性期を過ぎた患者さんにも退院していただかなければいけない状況になる中で、点滴や呼吸器を使っている状態で受け入れるご家族の負担や、行く場所がないと悩まれる患者さんを沢山目にしてきたことがきっかけです。これまで医療業界を歩んできた経験を活かして、何か力になれればという思いでした。

――困っておられる患者さんたちやそのご家族のために、という思いに突き動かされたのですね。

そこで前職で看護師長を務めていた方とタッグを組み、まずは2000年に訪問看護サービスの提供からはじめ、その後2012年には地域密着型の訪問介護・生活支援事業、シェアハウスの運営などを

Company Profile

株式会社 つむぎ福祉ハーネス

千葉県千葉市中央区亥鼻 1-2-5 ワンズビル
URL：https://www.tsumugi-h.com

事務局長を務める川東氏を交えて記念撮影

COLUMN

人と動物が安心して暮らせる社会を

『ハーネス夢サポート』が運営する老犬ホーム『わんにゃんハウス オレンジ』は基本的にはシニアの犬や猫を対象としているが、仕事や旅行で留守になる際のペットホテルとしても利用できる施設だ。

施設内は介護ルームをはじめ、大型犬がゆったりと過ごせる広めの個室、キャットルームなど、6つの部屋に分かれており、マッサージやお散歩、療法食の提供に至るまで、一匹一匹の状態に合わせた適切なケアを、有資格者が365日24時間体制で行っている。提携動物病院の院長による往診もあるというから、その手厚いサポートには驚くばかりだ。

また動物愛護団体や保護センターと連携を図り、家族と離ればなれになってしまった犬猫たちの保護・譲渡活動も実施。

人と動物が安心して幸せに暮らせる社会づくりを目指して、同法人は今後も力を尽くしていく。

手掛ける『つむぎ福祉ハーネス』、2014年に医療・介護コンサルティングや医療・介護・予防・住まい・生活支援サービスを一体的に提供する体制を構築することを目指す『C' サイド UP Company』も設立。そして2015年にはサービス付き高齢者向け住宅を運営する『やさしい手ハーネス』をスタートしました。さらに2018年には『NPO法人ハーネス夢サポート』も設立して動物愛護活動を行っています。

――介護福祉に関するあらゆるサービスを網羅して地域を支えておられるのですね。一歩一歩歩んでこられたと思いますが、スタート当初はいかがでしたか。

営業の経験はなかったので当初は苦労しましたね。流れが変わったのは、慢性期を過ぎた入院患者さんの中で、ご家族のいない方や、生活保護を受けている方などを積極的に受け入れるようになってからです。『つむぎ福祉ハーネス』は創業から約10年になりますが、利用者さんの半数近くの約80名が医療的ケアの必要な重度障がいを持つ方です。こうした法人は全国でも数少ないと思います。

――どんな方でも受け入れてもらえるというのは、当事者にとって本当に心強いと思います。様々な介護福祉サービスの中でも、『ハーネス夢サポート』さんは人ではなく動物を対象としていますよね。こちらではどんな活動を行っておられるのですか？

犬や猫の保護活動や、老犬介護を行っています。近年、超少子高齢化の影響もあってペットを飼い、家族のように大切にしている方が増えていますよね。ただ、飼い主がやむを得ず介護施設に入居したり、人やペットの高齢化・病気などでこれまでできていた散歩などの世話ができなくなったりして、飼い続けることができないという問題も増えています。そうしたペットたちを保護するボランティア活動を行っているんですよ。元々は老犬のみが対象でしたが、今では年間100匹ほどの猫も保護しています。『わんにゃんハウス オレンジ』では短期から長期までのお預かりが可能です。

――意義深い事業ですね。人にも動物にも寄り添うことを両立するのは大変だと思いますが、それを実現されている社長のバイタリティに驚かされます。

もちろん私一人では難しく、前職時代からの繋がりや、今頑張ってくれているスタッフなど周囲に支えてくださる人がいるからできることです。ですから今後も感謝の気持ちを忘れず、皆が働きやすい職場をつくっていきたいですね。嘱託職員さんの中には85歳の方もおられます。週4日元気に働いている姿を見て「素晴らしいな」と憧れますし、私もその方のように幾つになっても活き活きと働きながら、事業を通じて少しでも社会に貢献していきたいと思います。

（取材／2023年8月）

After the Interview

野村 宏伸・談

「動物愛護活動は『もし私が今後失明したとしても、何かの形で社会貢献ができればと考えてスタートしたんです』と鳥澤社長。病気や年齢などで諦めることなく、活き活きと事業を続けておられる姿は、利用者さんやそのご家族、スタッフの皆さんをはじめとする周囲の方々に好影響を与えると思います。これからもご活躍を続けてより良い地域社会づくりに貢献していってくださいね」

増やすのは売上ではなく利用者の喜び——
利用者に寄り添う誠実な福祉用具専門店

介護用ベッドなど福祉用具の販売・レンタル、住宅のバリアフリー改修工事、在宅専門薬局など様々な介護サービスを提供する『ソウシン』。安田社長は誠実な想いで日々利用者やご家族の気持ちに寄り添い、事業に励む。本日はタレントの松尾伴内氏がインタビューを行った。

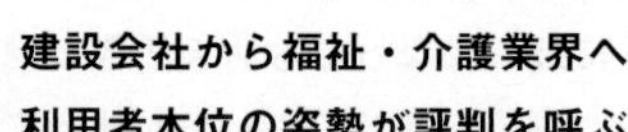

建設会社から福祉・介護業界へ 利用者本位の姿勢が評判を呼ぶ

——早速ですが、安田社長の歩みから伺います。

大学卒業後に一般企業で働いていたのですが、1年ほど経ってから人手不足のため急遽父が経営する建設会社に入ることになりました。社長の息子ということで周囲の方から特別扱いをされないために、そちらでは率先して現場の第一線に出るようにしていましたね。最終的には見積もり、請求、マネジメントまで、自分の裁量で動けるようになりました。様々な業務を覚えることができて、貴重な経験になりましたね。また、阪神・淡路大震災が発生した時も3日後には現場に入ってほとんど泊まり込みで会社として復興作業に携わりました。

——素晴らしい利他的精神と行動力をお持ちですね。どのようなきっかけがあって独立を果たされたのですか。

訳あって会社を畳むことになったんです。その後、従業員を雇用してもらえないかと同業者や下請けの方々に頭を下げて回りました。その中で私に声を掛けてくださる会社もあったのですが、仕事を失って苦労している従業員に申し訳ないのでお誘いを全部お断りして、全く別の仕事をしようと考えました。そんな時、たまたま近所のお年寄りの方に頼まれて、家に手すりを取り付けたら、とても喜んでくださったのです。達成感で満たされ、改めて「人のために働く喜び」を知りました。それから法人を設立し、高齢者向けの電動カート専門店として『ソウシン』をスタートさせました。

——1つの大工仕事が人生を変える転機になるとは、分からないものですね。独立後はいかがでしたか。

未経験の業界で手探り状態での始まりでしたが、配っていたチラシを受け取った方がお知り合いに当社を紹介してくださるなど、口コミで広がっていきました。しかし、電動カートは外出できるくらい元気な高齢者の方が使うような商品ですから、それだけでは需要が限られます。そこで新たに介護ベッドも扱うようになりました。また、それが気づきとなって在宅の方へ向けた訪問薬局事業もスタート。例えば、介護ベッドの点検で利用者様のもとへ訪問する際に一緒にお薬を持っていけば、利用者様の身体的・金銭的負担を軽減できます。それに、病気へ

有限会社 ソウシン

大阪府堺市美原区今井 77-4

誠実な想いが込められた社名

利用者本位の姿勢で様々な形で介護サービスを提供する『ソウシン』。安田社長はその社名に3つの意味を込めた。

1つ目は「創新」。文字通り、新たに創造することである。介護ベッドの販売がきっかけとなって訪問薬局事業を始めたように、同社は利用者のために新事業への挑戦を恐れない。また、社長は従業員からの新しい提案を否定せずに受け入れる柔軟な姿勢を持っており、それは風通しの良い同社の社風にも表れている。

2つ目は相互信用・相互信頼の関係構築を意味する「相信」。利益重視ではなく真心を持って利用者に寄り添う、同社のスタイルそのものだ。

3つ目は利用者への必要な知識の「送信」。利用者視点に立ち、適切なサービスの提供を心掛ける同社の姿勢のことだ。創業以来揺るがぬ3つの「ソウシン」で今後も社長は利用者に寄り添う。

代表取締役 **安田 剛**

の理解や薬の管理などを通して利用者様とより深く接することができて、利用者様の生活レベル向上に繋がるのではないかと考えました。

利益ではなく笑顔のために 利用者のために成長を目指していく

――利用者さんの健康状態を把握することで、より適切なサービスの提供ができますからね。社長はお仕事をする上で心掛けておられることは何かありますか。

利用者様、ご家族、生活環境を考慮して何が必要か判断して、提供することを心掛けています。また、医療用福祉用具は安価ではありません。「便利だから」と言えば利用者様は買ってくださり、売上を伸ばせるでしょう。しかし、そんなことはできませんよ。私は介護ベッドにしても杖にしても、その方にとって本当に必要でなければ高価な商品を勧めません。安価な代用品があれば、そちらを教えるようにしていますし、従業員にも押し売りだけはしないように伝えています。ですから、当社では従業員にノルマを課すことはありません。もしノルマがあると、利益を意識して利用者様と接するといった、悪い影響が出るかもしれませんから。

――利益重視ではなく利用者本位の姿勢は、介護事業者の鑑ですね。最後に今後のビジョンがあれば、お聞かせください。

今後、高齢者が増えていき、介護保険制度の財源も削られ、行政に頼らない経営が求められていくと思います。そうして業界全体が疲弊していく中で、安心して利用者様に紹介できるような施設をつくりたいと思い、独居でお困りの方のための介護施設を運営する会社を新たに立ち上げました。こちらも利益を重視しておらず、営業もしていませんが、ありがたいことに現在10施設まで増えました。どの事業でも心掛けているのですが、とにかく利用者様とご家族に喜んでもらうことが第一です。そして、それが口コミで広がっていけば嬉しいですね。ビジネスとして成立させるには時間がかかるやり方かもしれませんが、生活はできていますし、利用者様のために続けていけたら、それ以上に望むことはありません。これからも利用者様の気持ちに寄り添い、売上ではなく喜ぶ人の数を増やしていくことを使命として成長していけたらと考えています。

(取材／ 2023年8月)

「『ソウシン』さん設立以前から震災の復興支援に関わるなど、利他的な姿勢を貫く安田社長の真摯な想いに感銘を受けましたよ。利用者さんやご家族を笑顔にする、とても意義深いお仕事だと思います。これからもその姿勢を崩さず、人々の心に寄り添う御社の事業を末永く続けていってくださいね。応援していますよ」

ゲストインタビュアー 松尾 伴内

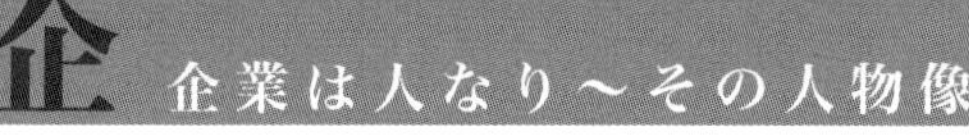

代表取締役
石井 裕一

元 WBC 世界バンタム級チャンピオン
山中 慎介

自然豊かな葉山の地で育むこだわりの肉 美味しさを通して地元の魅力を広く伝えたい

葉山の豊かな自然の中で、神奈川県ブランドの「葉山牛」と同じ環境で育ったオリジナルブランド「葉山石井牛」を飼育する『石井ファーム』。同ファーム直営の『葉山マルシェ』では、牛堆肥で栽培した葉山産の新鮮地場野菜も販売。地産地消を実践する同ファーム９代目・石井社長のもとを、本日は元 WBC 世界バンタム級チャンピオンの山中慎介氏が訪問し、お話を伺った。

ファームの９代目として事業を守り良い牛へのこだわりをとことん追求

――『石井ファーム』さんはこの葉山の地に根差し、長く運営を続けてこられたと伺っています。

私で９代目となります。農業学校を卒業後、三重県四日市市にある牧場で住み込みで経験を積み、19 歳で家業に入って就農しました。『石井ファーム』は農業のみならず、畜産業も手掛けており、私がそのすべてを任されたのはまだ 23 歳の時のことです。当時は、BSE や O157 問題が世間で取り沙汰されており、畜産業界も大きな打撃を受けていたころ。ですが、代々、受け継がれてきた家業ですから、父の後を継がないという選択肢はありませんでした。現在は、牧場を私、農業を父が担当しています。

――畜産とおっしゃいましたが、『石井ファーム』さんでは何を？

もともとは半世紀にわたって、葉山で有名な「葉山牛」を育てていました。現在は、当ファームオリジナルブランド「葉山石井牛」を立ち上げています。無菌状態のおがくずを寝床にするなど牛に傷をつけない優しい飼育環境や衛生管理、健康だからこそ出来る長期肥育で、そして十数種類の材料を自らブレンドしたオリジナルの飼料を与え、肉質といったクオリティに徹底してこだわっています。和牛とホルスタインの交雑種で、肉本来のうま味を味わっていただけますよ。

――こだわり一つひとつに良い牛を育てたいという情熱を感じます。

負けず嫌いなんです（苦笑）。他の人と同じは嫌で、とにかく差別化を図り、自分流で牛を育てたい。ブランド牛と一口に言ってもクオリティは千差万別で、例えば「霜降りで、高く売れる肉」を追求する生産者もいます。しかし、消費者にとって安全で、そして美味しく食べられる牛を作るのが生産者の義務であり、責務だというのが私の考えなんです。そうした観点から、自社ブランド確立に向けて本腰を入れ始めたのが 2008 年です。2017 年には、神奈川県で初めての農場 HACCP 認証を取得しました。安全であることが証明できますし、消費者のみなさんに少しでも安心して食べていただきたいと考えました。

――食べる人のことを第一に考えていらっしゃいますね。

葉山産の魅力を広めて地元に恩返し多くの人に自慢の商品を届けたい

――『石井ファーム』さんの牛やお野菜は、どこで購入できるのでしょう。

2020 年に、「葉山石井牛」をはじめ葉山産の野菜などを販売する『葉山マルシェ』をオープンしました。当ファームの直営店だからこそできる稀少部位の販売やオーダーカットのご要望にもお応えしていますし、お惣菜やオリジナルの蜂蜜、加工品、希少性が高くて幻と言われる「葉山クイーンビーフ」も生産してい

『石井ファーム』オリジナルの牛堆肥を使った良好な土壌で育てる野菜

『石井ファーム』で丹精込めて育てた牛のお肉

お肉の美味しさを凝縮させた葉山マルシェ特製コンビーフ

日本蜜蜂からとれる希少で優しい甘さの『石井ファーム』オリジナルの蜂蜜

株式会社 石井ファーム 葉山マルシェ

神奈川県三浦郡葉山町上山口 954-1
URL：https://hayama-marche.com/

Instagram

苦労やプレッシャーを上回る楽しさ

「命と向き合う仕事ですから、大変でしょう。プレッシャーもあるのでは？」というゲストインタビュアー・山中慎介氏の問いかけに、「プレッシャーよりも、とにかく楽しい。他の人とは違うことに取り組み、みなさんから注目されるようなクオリティが高くて美味しいものを提供したいんです」と返した石井社長。体力的にも厳しい畜産業だけに周囲からは身体に留意するよう言われるが、「柔ではありませんし、肉体もメンタルも強いんで」と意に介さない。「もっと楽に儲けられる方法はいくらでもある。でも、私はこの生き方が好きなんです」と社長。その決してブレない強さで、目標を一つひとつ実現していくはずだ。

ます。『葉山マルシェ』に来られるお客様の「美味しい」の声は何よりの原動力。また、当ファームの牛肉は飲食店 15 店舗に卸していて、いずれもこちらから営業はしていませんが店舗からお声がかかり、当ファームが生産する牛への評価として嬉しく思っています。私の娘が六本木のフレンチレストランでシェフをしており、そちらでも当ファームの肉が使われることもありますね。

――それは、誇らしいですね。

そうですね。娘もあと 10 年もすれば一人前の料理人になるでしょうから、山の頂上付近に 2,400 坪ほどの土地を所有しているので、レストランを開こうと考えています。自社経営のレストランは屋上で BBQ をできるようにし、また道の駅もつくりたい。葉山で育ち、葉山で事業を手掛けてきた者として、地元に恩返しがしたく、その意味でもここ葉山産の食材の魅力を改めてみなさんに知っていただきたいんです。地域に留まらず、海外進出――ベトナムでの牧場経営も面白いなと思っていて、当ファームのクオリティをベトナムに持ち込み、自慢の肉を現地の方々に食べてもらいたいんですよ。また、私がブレンドしている飼料には長野県諏訪市の酒蔵と神奈川県伊勢原市の酒蔵の酒粕が入っていて、私はその品質はもちろん杜氏の人柄に惚れ込んでいまして。酒蔵のお酒と当ファームの肉を同じテーブルで提供できたら、という考えもあります。

――やってみたいことが、次から次へと出てきますね。

可能性は無限大、自分次第でまだまだ道は拓けると思います。考えるだけで、わくわくしますね。2024 年には酪農にも着手し、牛乳やソフトクリーム、チーズなども販売しようと構想中です。勝算は十分。クオリティの追求を続け、多くの方に手に取っていただけ、喜ばれる商品を生み出していきます。そうして『石井ファーム』を次代へとつなぐのが私の役割。『葉山マルシェ』のオープンも、代々受け継がれてきたバトンをより盤石な基盤を築いて子どもたち世代に托すためです。今後も、私だからできることを形にしていきます。

――本日は、ありがとうございました。

（取材／ 2023 年 8 月）

after the interview

「所有されている土地に加工所や販売所をつくられ、『石井ファーム』さんが見えるのでロケーションは抜群。牧場が見えると、『あそこで育てられたものか』と商品に親近感が湧きます。これからも、挑戦を続けてください！」　山中 慎介・談

クライアントに真摯に向き合い、「デザインで」課題を解決

デザインで 株式会社

東京都渋谷区神宮前 5-13-10 グランドメゾン神宮前 401
URL：https://designd.jp/

代表取締役　齊藤 智法

クリエイティブディレクションやブランド構築などを行い、デザインの力でクライアントを課題解決へと導く『デザインで』。会社の広告は一切行っていない「知る人ぞ知るデザイン会社」だが、クライアントに真摯に向き合う姿勢で着実に評判を集めている。本日は俳優の大沢樹生氏が齊藤社長にお話を伺った。

――早速ですが、齊藤社長のこれまでの歩みを伺います。

生家はお寺で、祖父の代から始まった僧職の家系です。私は長男なのですが、現住職である父からは後を継ぐことを強いられませんでした。幼少期から母が絵画教室に通わせてくれていたので、絵を描くのが好きで得意でしたね。絵を描くことで周囲から認められ、自信を得ていきました。小学生のころからデザイン関係の仕事に就きたいと思っていました。

――幼いころから才能を発揮されていたんですね。その後は？

中学生の時には美術大学への進学を真剣に見据え始め、絵画の塾に通うように。そして２年の浪人の末、美術大学に進学。この業界を歩んでいく覚悟を両親にしっかりと見せるため、在学中から早めに就職活動に取り組みましたね。そして、無事に大手広告代理店へ就職し、11年間勤めました。クリエイティブの部署でアートディレクターとして様々なクライアントの広告制作に携わり、5年目ごろよりクライアントから課題を直接伺って解決することにやりがいを感じ始めました。また、クライアントが抱える課題をデザインの力で解決することに今後の可能性を見出し始めたことで、独立への自信を得ていきました。そして、満を持して 2020 年に独立・起業しました。

―― ３年前と言うと、世間はコロナ禍真っ只中で独立するのは大変だったのではないですか。

不安はありましたが、ありがたいことに独立を知った前職の上司や同僚、懇意にしていたクライアントから仕事を頂けたので、なんとか乗り越えることができました。周囲の方々の支えがあって、無事に４期目を迎えることができました。

――デザイン業界には同業他社が多いと思いますが、社長がお仕事をする上で大事にしていることは何かありますか。

デザインのプロとして、クライアントに真摯に向き合い、「デザインで」どのように課題を解決するかを大事にしています。実はまだ自社で費用をかけた広告等は一切出しておらず、ある方から「頼めばしっかりと課題を解決してくれる、知る人ぞ知る会社」だと言われました。そうして信頼を獲得できたのは、真摯にクライアントに向き合うことの積み重ねがいい結果を生み、今に繋がってきたのかもしれません。

――最後に、今後についてのビジョンはお持ちですか。

明確に展望を持っているわけではありませんが、これからもしっかりと信頼を積み上げていけるような仕事を続けたいです。また、この会社に関わっているスタッフ、クライアントの成長に貢献できるように自社も成長していきたいです。それから、私事ですが、生家の寺を継ごうと考えています。実は自分の結婚式の時に丸坊主になって寺を継ぐことを示したんですよ。来年には本格的な修行に入ろうと考えています。修行のためにしばらく会社を空けることになりますが、信頼できるスタッフばかりですから心配していません。デザイン業と住職の仕事に“ハイブリッド”に携わり、相互に良い影響を与え合っていきたいです。

（取材／ 2023 年 8 月）

ゲスト　大沢 樹生

「今後はデザイン業と住職という二足の草鞋を履いていかれるという齊藤社長。お仕事に真摯に向き合ってきた社長なら、しっかりと周囲の信頼を集めるような仕事をしていかれることでしょう。今後の展開が楽しみです」

あらゆるソリューションを提供する飲食店経営者のベストパートナー

有限会社 ワンズ
大阪府大阪市北区本庄西２丁目7-7
URL：https://www.one-s.biz/

代表取締役社長 **藤田 浩治**

飲食店を経営する上でオーナーが求めるあらゆるニーズに、一気通貫で対応している『ワンズ』。創業から20年――仕事の幅を拡大しながら、店舗経営を力強く支え、その実績は3,000店舗以上に上る。本日はタレントの松尾伴内氏が、藤田社長のもとを訪問。より良い飲食業界を築くために力を尽くす社長に様々なお話を伺った。

――『ワンズ』さんの事業内容からお聞かせください。

飲食店に特化し、オーナー様のあらゆるニーズに応えるサービスを提供しています。具体的にはマット・おしぼり・浄水器などのレンタルから、害虫駆除、割り箸・串といった備品消耗品の販売、清掃、メニュー・看板・POPなどの各種販促物制作、新規出店のコンサルティング、マーケティングリサーチ、消毒・除菌コーティングなど幅広く対応しています。

――１から10まで網羅されていて、まさに飲食店オーナーの強い味方ですね。起業の経緯と言いますと？

起業する前はコーヒー豆の卸会社で働いていました。毎月飲食店に御用聞きや納品に行くのですが、その際、「害虫が出て困る」や「仕入れのコストが気になる」などお店でのお悩みをよく聞いていたんです。そこでその店舗に出入りしていた清掃会社の方と「何か力になりたい」と当社を立ち上げ、害虫駆除をメインに仕事を始めることにしました。当時22歳、今から20年前のことです。

――お若くして起業されたのですね。お仕事は順調に？

最初は苦労しましたが、若いからこそのフットワークの軽さを強みに努力しました。創業3年目から手応えを感じるようになり、業容も拡大していったんです。

――驚くほどの守備範囲ですよね。

内装工事にも対応しますし、5年ほど前からは店舗物件探しもサポートしていますよ。オーナー様に代わって不動産会社との交渉から、周辺地域の人の流れや特色などデータに基づいた店舗運営の計画立案まで行っています。

――コンサルティングには独自のノウハウなどがあるのでしょうか。

当社が消耗品を提供した時に、その納品数からお店全体の売り上げを割り出すノウハウを構築しました。それをブラッシュアップして独自のデータリングシステムをつくり、コンサルティングに役立てているんですよ。データ分析から、食材や調理内容、社員とアルバイトの比率といったことまで詳細にプランニングして、オーナー様に代わって銀行融資を受けるための事業計画書を作成したりもします。チェーン店の場合は居抜きを希望されるので、閉店した店舗の情報などもストックしていますよ。20年でおよそ3,000店舗に携わった実績があります。

――素晴らしい実績です。藤田社長は元々データリングなどが得意で？

ええ。学生時代から得意でした。こうした実績を活かして、当社では初めて店舗経営に挑戦される調理学校の生徒さんに向けて、ビジネスデータの提供も行っています。私共が若いころ遠回りしながら得てきたものを、若い世代にはなるべく簡単・シンプルに手に入れて役立ててもらいたいですね。

――もはや社会貢献ですね。

誰かの役に立ちたいという思いで起業したので、それが他者の幸福に繋がれば私も嬉しいです。 今後は飲食業界での起業を目指す若者のサポートに力を入れたい。日本の食文化は素晴らしいので、その発信に繋がるように微力ながら尽力していきます。

（取材／ 2023年8月）

ゲスト　松尾 伴内

「最新型のウィルス除去機械を使って衛生業務も行っているという『ワンズ』さん。新型コロナが流行する前から手掛けておられて、コロナ禍では非常に需要が伸び、差別化に繋がったのだとか。先見性も藤田社長の強みの一つだと感じましたよ」

繊維や印刷物のプロが新たな挑戦も行い歴史を紡ぐ

代表取締役
山本 啓史

京都で半世紀以上にわたって、繊維関係の見本帳製作などを手掛けてきた『ウメダ』。様々な印刷物への対応も行ってきた中、同社の２代目である山本社長は取引先の信頼や社員の生活を守りつつ、ラジコンサーキットの運営という新事業にも着手した。そんな社長に、本日はタレントの野村将希氏がインタビュー。

――山本社長はどちらのご出身ですか。

生まれも育ちもここ京都です。高校卒業後は西陣の帯屋さんに数年勤め、その後は運送関係の仕事も経験しました。そして、現在と似た仕事でカーテンのサンプルを作る会社に勤めた後、知り合いの紹介で『ウメダ』に入社したんです。そこからもう30年以上になり、会社としては半世紀以上の歴史があります。

――代替わりされたのは、どのようなきっかけが？

創業者である先代社長が、2017年に急逝されたんです。ただ、先代はいわゆるワンマン社長だったので引き継ぎなど全くされておらず、後を継ごうにもどう動かしていけば良いのか、当時の社員は皆見当がつきませんでした。それでも30名ほどの社員がおり、取引先もある。会社を閉めるわけにはいかないと、「私が継ぎます」と手を挙げました。

――勇気のあるご決断でしたね。

私１人ではできませんから、社員の皆さんにご協力いただきながら、スタートしました。安定するまでは非常に大変でしたよ。1つ良かった点は、「もっとこうすれば良いのに」と思っていたことなどを、積極的に行えることでした。先代は非常に知識のある方でしたから、そうした良い部分を引き継ぎつつ私なりのカラーも出し、現在まで来ております。

――改めて、『ウメダ』さんの事業内容をお聞かせください。

繊維関係の見本帳製作がメインです。服飾で使用する布や糸など、デザイナーさんのご要望などに合わせて、スピーディーかつ丁寧に作り納品します。また、チラシや名刺などの紙、布地や木材といった特殊素材への印刷事業も行っています。企画から見積もり、印刷、梱包、発送まで、小ロットのご注文でも一貫して当社で行える点が強みの１つです。

――非常に心強い存在ですね！

ただ、繊維にしても紙にしても、業界全体で年々需要は減少傾向にあります。それもあって、最近当社のビルのフロアを活用して新しい事業を始めたんですよ。それが『Bet ween CIRCUIT』というラジコンサーキットです。

――ラジコンですか！　これは意外な。

私の趣味を活かしたかたちでして、ラジコン好きの方々が交流やレースを心置きなく楽しめる場所になればと思っています。今後はこちらも盛り上げていきたいですね。

（取材／ 2023年8月）

「山本社長は、小さな点でもお客様に都度確認を取ったり、営業で使う車を常に清潔に保ったりと、細かな部分の一つひとつにもこだわっておられるそうです。そうした姿勢の積み重ねが信頼につながっているのでしょうね」

代表取締役
坂口 晃逸

ミサカ不動産 株式会社
愛知県名古屋市北区光音寺町字野方 1919 番地の 28-1 階
URL：https://misaka.co.jp

支えてくれた地元への感謝を胸に 雇用創出で地域活性化に寄与する

不動産売買仲介・賃貸仲介・管理・リフォームなど不動産に関する幅広い業務に対応している『ミサカ不動産』。坂口社長は自身と自社を育ててくれた地元・名古屋市への感謝を胸に、事業を通じて地域への貢献を目指している。本日はタレントの島崎俊郎氏が社長にお話を伺った。

――坂口社長はなぜ不動産業界を目指されたのですか。

大学時代はアメフトに打ち込んでいまして、一時期アメフト部のOBの紹介で政治家の先生の事務所で社会経験を積ませていただいたことがあるんです。そちらで沢山の経営者と交流する中、ある時「将来は何がしたいの？」と聞かれまして。咄嗟に「経営者になりたいです」と答えたところ、「それなら不動産業界が良いよ」と勧めていただき、興味を持ちました。そして不動産会社に就職し、5年間経験を積んだ後､独立起業しました。

――勤務時代はいかがでしたか。

営業成績が1番良い支社の営業部に配属されまして、ストイックな上司の下で多くのことを学ばせていただきました。不動産の仕事はお客様も物件も一つとして同じ案件がなく、常に新鮮な気持ちで取り組めることが魅力で打ち込んでいきましたね。勉強したことを日々の業務に活かし、成長を実感できることもやりがいに繋がりました。不動産仲介の難しいところは、たとえ銀行系不動産会社や建築系不動産会社など、お客様がどこを介そうが業者の手数料は3%です。競合が多い中で、どうすれば自社を選んでいただけるか、試行錯誤しなければいけないところもこの仕事の面白みの一つです。

―― 一筋縄ではいかないからこそ、面白くやりがいがあるわけだ。起業後は順調にいきましたか。

有名企業の看板はなく、当時はまだ実績もありませんでしたが、それでも私自身を信頼して紹介でお仕事を依頼くださる方が多く本当にありがたかったです。例えば幼馴染みの先輩が家を購入するからと声を掛けてくださったり、小さいころから私を知ってくれている人が依頼くださったりと、周囲の方々が支えてくれたからこそ今があると感じています。現在、当社では売買仲介・賃貸仲介・管理・リフォームなどを手掛けています。

――紹介でお客様が広がるのは、普段から誠実なお仕事をされている証だと思います。業務ではどんなことを大切にされていますか。

驕ったりせず、地に足を着けて真摯に仕事と向き合うことでしょうか。お金が入ると目が眩んで事業に支障を来す経営者は多いです。そういったことにならないようにと、経営面でアドバイスをくださる恩人がいるんですよ。当社の社名はその方のお名前から一文字頂き、私の名前を組み合わせて付けました。

――見守ってくださる方が沢山おられて心強いですね。今後については？

私自身も当社もこの地域に育てていただいたという思いがあるので、事業を通じてよりよい地域づくりに貢献したいと考えています。そのためにもまずは雇用を創出したい。私は今32歳で、40歳までには従業員数を100名にまで増やしたいですね。雇用のあるところに人は集まりますし、従業員が100名いれば、そのご家族も含めると400名になります。沢山人がいれば、商店などもできて地域経済も活性化しますから。また、働きたいのに理想とする環境がないという方に向けてより働きやすい環境をつくったり、活力を持って働き沢山稼げる人材づくりを行ったりもしたいです。多くの方が働くには仕事の確保が欠かせませんから、今年度中に管理物件の清掃事業に挑戦する予定で、私も現場で経験を積んでいるところです。さらに不動産以外にも介護事業に挑戦するなど、介護業界を取り巻く課題の解決や雇用の創出に挑み、地域に広く貢献していきたいと思います。

（取材／ 2023 年 8 月）

対談を終えて ～ゲスト 島崎 俊郎

「起業に際しては、不動産業界経験者である坂口社長の奥様も応援してくれたそうです。身近に支えてくださる方が多いのは、本当に心強いですよね。これからも周囲の方々を大切に、地域に欠かせない企業を目指して歩んでくださいね」

株式会社 友進

愛知県あま市坂牧北浦 26 番地 2
URL：https://yushin614.com/

若さ溢れる防水工事のプロ集団
顧客第一の妥協なき施工で信頼を蓄積

代表取締役 **水谷 友哉**

愛知県あま市を拠点に東海３県で外壁塗装と防水工事を手掛ける『友進』。顧客に寄り添う姿勢、妥協のない丁寧な施工、そして若さ溢れる職人たちのフットワークの軽さを武器に、着実に地域で信頼を重ねている。本日はタレントの島崎俊郎氏が同社を訪問し、水谷社長にインタビューを行った。

――水谷社長はどのような経緯で防水工事のお仕事を始められたのですか。

たまたま先輩に誘われたんです。中学卒業後から防水工事会社に入り、いくつかの会社を経て 21 歳で当時勤めていた会社の仲間たちを引き連れて『友進』を設立。独立当初は会社としての信用もまだなかったですから、そう簡単に仕事は頂けなかったですね。色々な建築会社を回って、ひたすら頭を下げていました。その後、ようやく頂けた仕事をスタッフたちと力を合わせて取り組み、次第に認めていただけるようになりました。そうして、徐々に仕事が増えていきました。

――社長のお仕事への誠実な姿勢が窺えますね。改めて、御社の業容を教えていただけますか。

当社は愛知県あま市を拠点に東海 3 県で活動している防水工事・塗装工事会社です。雨漏り診断士による確かな調査と高い技術力を持つ職人による丁寧な施工を適切な価格で提供しています。また、戸建てだけでなく、マンション・アパート・ビルなど、大規模工事にも対応しておりますので、お気軽に問い合わせいただきたいですね。

――今もこうして順調に続いているのは、御社の確かな仕事ぶりがあるからでしょうね。人材育成において大事にしておられることは何かありますか。

古い考えかもしれませんが、口ではなく自分の背中で語ることを大事にしています。しかし、いくら背中を見せても尊敬されていなければ、相手の心に刺さりません。ですから、私は今でも現場に立つことにこだわっています。常に現場で先頭を切って仕事をする背中を見せているからこそ、スタッフは私を信じてついてきてくれるのです。

――格好良いですね。では、社長がお仕事をする上で心掛けていることは？

当たり前のことですが、手を抜かないことですね。また、良い仕事をするのはもちろんプラスアルファで何を与えられるかを考えています。例えば、お客様に見せる資料にしても、誰が見ても分かるように作成すべく、注意しています。やはりお客様からの信頼が最高の営業材料になりますからね。どこに出しても恥ずかしくない、お客様に喜んでもらえる仕事をするように徹底しています。仕事があるのは当たり前ではないと、独立当初に学ぶことができました。

――素晴らしい心掛けですね。最後に、今後の展望をお聞かせください。

当社は若く勢いのある職人がいることと、フットワークの軽さが自慢です。これからもその利点を活かして、お客様に喜んでいただける仕事を続けていきたいですね。そして、私がいなくなっても 100 年続くような会社に育てたいです。そのためにもより一層、強固な体制づくりに注力していきます。

（取材／ 2023 年 8 月）

ゲスト **島崎 俊郎**

「お客様ファーストを貫いた丁寧な仕事で信頼を集める水谷社長。そうして人を大事にしておられる誠実な社長ならスタッフさんと共に『友進』さんをさらなる成功に導いていくことでしょう」

兵庫から全国へ――自身の力で道を切り拓く

代表取締役 奥田 源士

『源翔』は関西を中心に全国で、機械器具設置工事や足場仮設工事、鍛冶・溶接工事などを手掛けている企業だ。奥田社長は波瀾万丈な人生を歩み、何度も心が折れそうになりながらも諦めず、自らの力で道を切り拓いてきた。布川敏和氏が社長の半生や事業への思いに迫った。

――奥田社長の歩みから伺います。

幼いころから両親とは疎遠だったこともあり、10代半ばの時には非行に走ってしまいました。やがて鳶職人として働くようになりましたが、なかなか生活を改められず、17歳の時に更正を決意して地元・兵庫県高砂市から九州に移りました。そして造船所で住み込みで働くようになり、そこで2年間、足場や溶接など鉄関連の様々な仕事を経験し、今に繋がる技術を身につけました。

――ひたすらにお仕事だけを？

ええ。誰ともつるまず、愚痴も零さず、365日仕事と向き合ってきました。そうするうちに造船所の責任者から「九州に根を下ろして、うちの正社員にならないか」とお声掛けいただいたんです。嬉しかったですが、更正したからには地元に戻って天辺を取りたいという思いがありました。それを正直に話したところ「君ならどこでも伸びていける。もし九州に帰ってきたら私のところに来なさい」と言っていただけまして。「帰ってきたら」という言葉に、私には居場所があるのだと初めて実感しました。その方とはもう随分お会いしていませんが、いつかまたお会いできればと思っています。

――社長の努力を見ていてくれた方がいたのですね。その後、地元に戻られて？

高砂で鳶の仕事を始めましたが、すぐに出鼻を挫かれました。というのも地元独特のしがらみに阻まれてしまったんですよ。仕事ができず、資金も底をつき、本当に絶望しましたね。ですがそこから発想を変え、「地元で1番」にこだわらず、大阪と東京に営業をかけることにしたんです。何でもやりますと200件以上の企業に営業をかけたところ、大阪と東京で1件ずつ依頼を頂くことができました。さらにスタッフも地元ではなく全国から集め、全国の受注に対応するようになったことで業績が上向いていきました。

――全国展開というブルーオーシャンを見つけられたわけだ。

ですが、私はまだまだ未熟でした。家族や社員に対して「私が皆のために稼いでいる」という考えがあり、周囲から人が離れてしまったんです。何もかも本当に失いそうな瀬戸際で踏みとどまり、何とか会社だけは守ることができました。

――波瀾万丈で言葉になりません……。

本当に大切なのはお金ではなく人材であり、その人が安心・安全に働けるかだということに気づいてからは、スケジュールや人員に無理な負担がかかる仕事は絶対に請けなくなりました。以前のように「頑張れ」という言葉すら掛けません。社員には私の背中を見て感じてもらい、その上で仕事に向き合ってくれればいいと考えています。

――苦労や失敗を経験する中で本当に大切なものに気づけたのですね。

私には失うものはないですし、いつ死んでもいいと思っています。ただ、私がいなくなった後も、社員や家族が不自由しない環境や仕組みを残しておくためにも、努力を続けようと思います。

（取材／ 2023年7月）

ゲスト 布川 敏和

「お若いながら、様々な人生経験を積んでこられた奥田社長。その中で数々の苦労を乗り越えてこられたことは、全て社長の糧になっていると思います。これからも、いかなる困難に陥ろうとも、不屈の精神で立ち上がり、成長を続けていってくださいね。応援しています！」

源翔 株式会社

兵庫県高砂市神爪 1-16-6 宝殿ヤングビル 304号
URL：https://www.gensyo1011.com

お客様に喜んでいただくことがモットー——顧客第一を貫く設備工事会社

有限会社 藤幸設備

【事務所】東京都練馬区大泉町 1-26-4

代表取締役 **内藤 幸良**

×

ゲスト **大沢 樹生**

東京都練馬区を拠点に給排水設備工事など設備一式工事を手掛ける『藤幸設備』。設備工事業界一筋に歩んできた内藤社長は創業時から掲げる顧客ファーストを貫き、その誠実な姿勢で着実に信頼を集めてきた。本日は俳優の大沢樹生氏が同社を訪問し、インタビューを行った。

——早速ですが、内藤社長の歩みから伺います。

高校生のころからものづくりに興味があり、卒業後に設備工事会社に入りました。それからこの業界一筋ですね。30歳のころ、独立しました。

——大ベテランですね。予てから独立心はお持ちだったのですか。

いいえ。当時勤めていた会社が倒産したことがきっかけとなり、独立することになったんです。倒産していなければ、今も会社員を続けていたかもしれません。そのころに同期の仲間たちが商売を始めたので私は個人事業主としてサポートしていたのですが、いつの間にかそれが会社になっていましたね。それが『藤幸設備』の始まりです。

——社長がお仕事をする上で大事にされていることはありますか。

初心を忘れないことですね。会社経営となると、ある程度の利益を出さなければいけませんが、そこに執着しないようにしています。儲けることを目的にするのではなく、スタッフの生活を守るために会社を続けていきたいという想いですね。2013年ごろにその姿勢がブレてしまった時期が少しだけあったのですが、これは良くないとすぐに悟り、それからはお客様ファーストを貫いて仕事をしてきました。そのお陰でお客様との関係も長く続くようになっていきましたね。

——社長の誠実な姿勢が窺えますね。ところで、『藤幸設備』さんは現在何名で動かれているのですか。

個人事業主として当社に入ってくださっている方が5名いて、私はスタッフをまとめる立場です。ただ、この業界は人の入れ替わりが激しくて。私が求めるものとスタッフが求めるもの、これが一致した方たちだけが13年ほど残ってくれています。

——それだけ長く働いているスタッフさんがいらっしゃるというのは、社長が人材を大事にしている証拠ですね。創業から今までを振り返って、大変だったことはありましたか。

ここに来るまでにもちろん大変な現場はありましたが、仕事がつらいとは思わなかったですね。一番つらいことは仕事が頂けなくなったり、途切れたりすることだと考えています。

——とても分かります。仕事がないと不安になりますよね。最後に、今後の夢があればお聞かせください。

この仕事で生きていくという覚悟を持って、業界一筋に歩んできました。いくつになっても、身体が動く限りはこの仕事を続けていきたいですね。いずれは次世代の方に継いでもらいたいですが、今働いてくれているスタッフは私と同年代で若手がいないのがネックです。これまでの経験から技術だけあっても駄目だと気が付いたので、お客様を大事にしてくれる方に後を引き継ぎたいですね。しかし、まだ後継者候補はいませんので、会社を成長させて人材獲得に注力していきます。そして、後継者を今後10年で育てていき、負債のないかたちで会社を譲ることができれば嬉しいですね。

（取材／ 2023年8月）

After the Interview

「対談の際に『お客様に喜んでいただくことがモットー』と内藤社長は語っており、人を大事にする社長の誠実なお人柄が窺えました。そのまま真摯に仕事を続けていれば、社長の思いに共感し、『藤幸設備』さんを継ぎたいという後進がきっと現れることでしょう。今後の御社の展開が楽しみです。陰ながらではありますが、応援していますよ！」

大沢 樹生・談

株式会社 プログレス

大阪府大阪市港区弁天 4-13-23-106
URL：https://www.progressosaka.jp

代表取締役 山田 敬太

ゲスト 布川 敏和

企画・提案力で顧客の理想を形にする 住まいと店舗のコンシェルジュ

関西全域にて、大手百貨店や大型商業施設内店舗内装、一般住宅建築などを手掛けている『プログレス』。住まいと店舗のコンシェルジュとして業歴 15 年以上の山田社長を筆頭に、実力あるスタッフが理想の空間づくりをサポートしている。本日は布川敏和氏が社長にお話を伺った。

――山田社長の歩みから伺います。ご出身はどちらですか。

鹿児島県沖永良部島出身です。高校までは島で過ごし、卒業後は大阪にある建築の専門学校に進学しました。そちらに進学したのは、専門学校の OB が勧めてくださったからで、大阪に出て右も左も分からない中で住まいも紹介していただくなど大変お世話になりました。そして専門学校を卒業後は再びその OB の勧めで大阪の建築会社に就職。そこでの経験が今に活きています。

――とても目をかけてもらっていたのですね。勤務先ではどんなお仕事を？

現場監督として働いていました。入社 1 年目は職人さんに叱られてばかりで、それが悔しくて猛勉強し、3 年目には私が職人さんにしっかりと指示を出せるまでに成長しました。そこで 10 年間経験を積み、個人事業主として友人と最初の独立を果たしたんですよ。ですが、まだまだ未熟だったこともあり事業の継続が難しくなった経験もしました。そして 2018 年に改めて『プログレス』を立ち上げたんです。

――再挑戦の手応えはいかがですか。

周囲の方々がサポートしてくださったことや、前回の独立の経験が活きて順調に歩むことができています。実は起業前、地元の役場の建設課に空きが出て、「帰ってこないか」と声を掛けてもらっていたんです。とても迷いましたが、その時に守りに入らず大阪での挑戦を選んで良かったと感じています。今ではスタッフも 6 名に増えました。

――素晴らしい躍進ですね。並々ならぬ努力をされたと思いますが、御社の強みはどんな点にありますか。

一般住宅建築やリフォームはもちろん、店舗の内装工事も得意であることが 1 番の強みです。前職が住宅に強い会社で戸建建築のノウハウを培えましたし、独立後は店舗の案件が多く、これまで大手百貨店や大型商業施設内店舗内装を沢山手掛けてきました。住宅も店舗も両方できる会社は少ないので、お客様にも喜んでいただいています。また、企画・提案力もあり、デザイン・設計から施工管理、家具製作まで一貫してお任せいただけます。お客様の予算内で最高のものをご提案させていただきます。

――トータルでお任せできるのはお客様としても便利でありがたいでしょうね。お仕事のやりがいは何ですか。

例えばお店ができ、そこが繁盛していると聞いたりした時はとても嬉しいですね。やはりお客様の喜ばれる姿を見るのが 1 番のやりがいになります。

――これからも理想の空間づくりで沢山の笑顔を創出してくださいね。最後に今後の展望についてお聞かせください。

事業拡大を目指しており、今後は不動産の売却や購入サポートも行いながら事業を展開していきたいと考えています。そのため、宅地建物取引士の資格取得の勉強に励んでいるんですよ。また、私自身若いころに島から出て何かと支えていただいたように、今度は私が沖永良部島出身者を支えられるよう企業として力をつけていきたいと思います。

――これからも応援しています！

（取材／ 2023 年 8 月）

「新型コロナが流行した時は逆風があったものの、それを乗り越え、事業を堅調に成長させてこられた山田社長。新たな展開を目標に努力を続ける社長なら、きっと地元・沖永良部島の方々が誇りに思われる企業・経営者になれると思います。これからも頑張ってくださいね！」

布川 敏和・談

足場一筋に20年以上――スタッフとの絆と技術力を強みに皆が活き活きと働ける企業へ

株式会社 重田仮設

【本社】神奈川県海老名市本郷 1278-1
URL：https://www.shigeta-kasetsu.com

代表取締役 **重田 果**

×

ゲスト **つまみ枝豆**

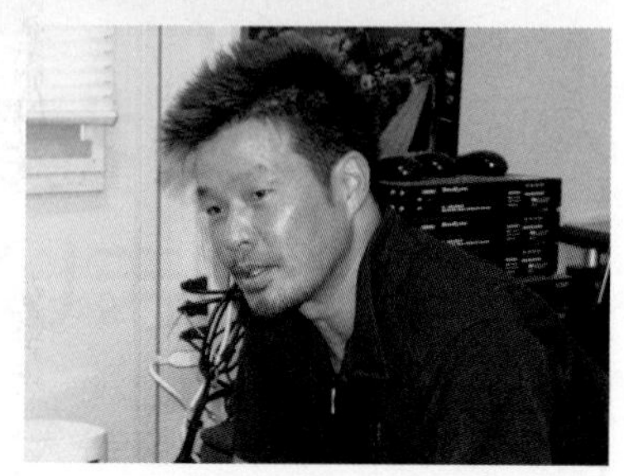

組み方一つで、現場で働く職人たちの作業効率が変わってくるほど重要な役割を果たす足場。そんな足場工事を品質に妥協せず20年以上続けているのが『重田仮設』の重田社長だ。本日はタレントのつまみ枝豆氏が社長にインタビュー。スタッフの存在を原動力に、皆が長く安心して働ける環境づくりに尽力する社長に様々なお話を伺った。

――重田社長は長く足場工事業界を歩んでこられたのですか。

18歳の時にこの業界に入り、20年以上道一筋に歩んできました。腕を磨きながら個人事業主として働き、24歳でさらなる成長を見据えて法人化に踏み切りましたが上手くいかず、再び個人事業主に戻りました。

――順風満帆のようですが、なぜ躓かれたのでしょう。

足場工事では自社で資材を揃えるのが大変なんです。リースという方法もありますが、それだとあまり利益に繋がりません。その時も資材を揃えられず、リースでは儲からないと考え断念しました。そして2020年、37歳の時に再び法人化して設立したのが『重田仮設』です。

――法人経営する難しさを一度経験されながらも、あえて再び挑戦を選ばれたのはどういった理由があったのですか。

一緒に働いていた若い衆たちの中から私のようになりたいという者が出てきたことがきっかけです。個人事業主であり続けるほうが私にとってもメリットが大きかったのですが、いつまでも私が個人事業主のままでは後進を潰すことになりかねないと思い、決心しました。

――若いスタッフさんたちのためだったのですね。長らく建設業界は人材不足と言われていますが、御社では若手が活躍していらっしゃるのですね。

若手を中心に40名ほどスタッフがいて、協力会社も合わせると100名体制になります。当社は業界では珍しい完全出来高制で、頑張れば頑張るほど収入に繋がるので意欲ある職人が多いことが自慢です。技術力とスタッフ同士の絆が当社の強みなんですよ。

――頼もしいですね。若く勢いのある方が多いと、独立希望者も多いのでは？

独立すると資材を買うために借金をしなければいけなくなるので、一社員として働くことを選択する人が多いですね。実際に私も資材を揃えるために大変な思いをしましたが、自分が稼ぎたいという考えだけでは頑張れなかったと思います。それより皆で良くなりたいという利他の気持ちが1番強いですね。仲間たちのために頑張りたいですし、彼らが豊かになってくれると私も嬉しいです。

――周囲の方を思う社長の強い気持ちが伝わってきます。現場は神奈川県内が多いのでしょうか。

県内はもちろん東京都内、埼玉県、千葉県など関東一円をはじめ、長野県などにも広がっています。くさび式足場、昇降足場、移動式足場、仮囲い工事など幅広い足場・仮設工事に対応していますよ。

――今後益々の活躍が楽しみですが、どのような展望をお持ちですか。

2024年には吊り足場を学ぶためにスタッフの一人を関西に修業に行かせる予定です。これができるようになればまた仕事の幅が広がるので楽しみですね。また、今は年商10億円を目標にしており、それを達成した後は資材の販売を始めたいと考えています。さらにこの仕事は若いうちしかできないので、スタッフたちが安心して長く働けるように、スタッフの夢も取り入れつつ別の事業柱も立ち上げたい。そして皆が活き活きと働ける環境づくりに今後も努めます。

（取材／ 2023年8月）

After the Interview

「スタッフさんの存在が原動力と語る通り、皆さんが活き活きと働ける環境づくりに注力している重田社長。これからも活力と笑顔溢れる企業であり続けてくださいね」 つまみ枝豆・談

実績豊富な金属加工のプロ集団
ニーズに応える高品質な加工を実現

代表取締役
堀田 弘行

金属加工業界で30年以上経験を積んできた堀田社長率いる『美装建』。パネル、手摺、タラップなどの金属加工を手掛ける企業だ。熟練の職人が確かな技術と知識で以て高品質な加工を実現させ、顧客の要望に幅広く応えている。本日は山中慎介氏が同社を訪れ、社長に様々なお話を伺った。

――早速ですが、堀田社長が金属加工のお仕事を始めた経緯とは？

学業修了後、職を転々とする中で20歳の時にこの仕事に出会ったんです。当時はどういう仕事かも分かっていなかったですが、ものづくりが何となく好きだったので軽い気持ちで始めてみました。それから30数年、この道一筋です。

――未経験から始められて、いかがでしたか。

当時はバブル崩壊直前だったこともあり業界も盛り上がっていて、現場は人手がいくらあっても足りないくらい忙しかったです。その中で自分が思い描いていたものが実際に形になるのが面白く、仕事を楽しんでいましたね。また、どうやら私は比較的器用なほうだったようで(笑)、仕事を任されることが増えていきました。そうしてどんどん技術が磨かれていき、自信を得ていったんです。最終的にその会社で25年ほど働きましたね。

――実地で確かな経験を積んでこられたのですね。そちらで順調にキャリアを築いていく中で独立に至ったのはいつのことでしょうか。

バブルが弾けた後は業界の未来に不安がありましたし、独立を考えていた訳ではなかったです。しかし45歳で前の会社を退職して5年ほど一人親方として働き、資金が貯まった50歳のころ個人事業主に。そして、2020年に法人化を果たし、『美装建』を設立しました。当社は金属加工業を行っており、主にスチール・ステンレス・アルミ製などのパネルや手摺、タラップを扱っています。長年培ってきた加工経験を活かしてお客様のご要望に応じた高品質な加工を提供しています。

――人を動かす立場となってみて、心境の変化などはありましたか。

違う業界の方とお話しするのが好きになりました。色々と勉強になります。経営に関しては素人ですから、改めて会社の資金繰りに苦労していますね。ですが、頑張った分だけ成果が出ますし、前向きに仕事をしています。現在は昔からの仲間4人で頑張っていますよ。スタッフにはとにかく居心地良く働いてもらえるように気をつけていますね。信頼しているので、あまり口うるさく指示はしません。人を育てる余裕は今はありませんが、後々私の右腕左腕となるような人材を育てていきたいですね。

――最後に、今後の抱負をお聞かせください。

当社にしかできないことを考えて、お客様のためにという姿勢を崩さずこれからも事業に励んでいきます。そして引き続き経営者としての責任感を持って、スタッフたちの生活を守れるように力を合わせて頑張っていきたいと思います。

（取材／2023年8月）

ゲスト
山中 慎介

「何か一つのことを30年以上も突き詰めるのは簡単なことではないと思います。堀田社長の直向きに仕事に向き合う姿勢があれば、『美装建』さんはこれからも着実に成長されていくでしょう。今後のご活躍を応援しています」

株式会社 美装建

神奈川県横浜市戸塚区上矢部町2137-1
URL：https://www.bisouken-bj.com/

培った経験で成形工程の課題を解決 挑戦を続け、他業種への貢献を目指す

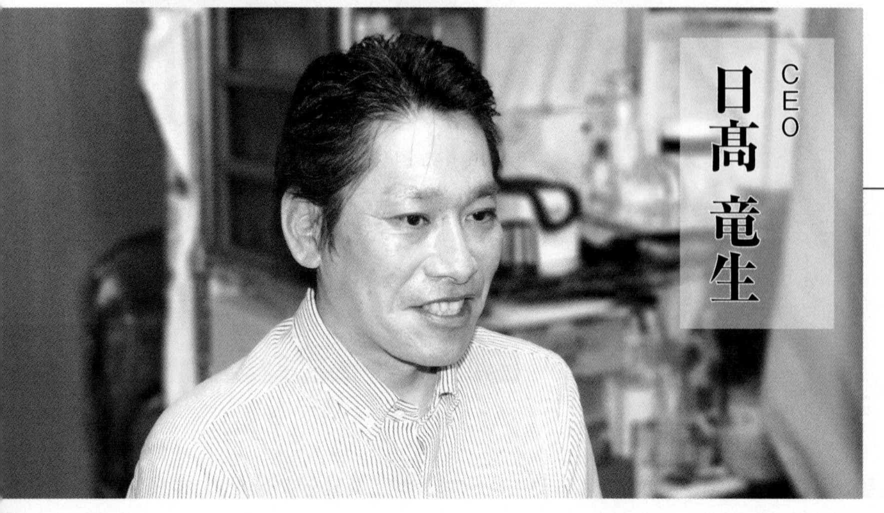

Tsプランニング合同会社

愛知県知多郡東浦町緒川屋敷参区 7-1
URL：https://tsplanningllc.amebaownd.com/

生産設備等の製造・企画販売などを手掛け、顧客の成形前後工程の設計・改善に寄与する『Tsプランニング』。日高CEOは25年以上に亘って現場実務や生産技術業務で培った経験とノウハウを活かして、顧客に最高の満足を提供する。さらなる発展を目指し、日々挑戦を続ける同社を島崎俊郎氏が訪問。対談を行った。

――まずは、『Tsプランニング』さんの業容から伺います。

事業としては生産設備の製造・企画販売や受託・開発・技術支援をはじめ、各種技術の支援及びコンサルティングなどを行っております。私はこれまで自動車・工作機械の組立・プラスチック成形業界で現場実務や生産技術業務に約25年携わってきました。そこで培った経験やノウハウを活かして作業工程の自動化・省力化などを行い、人手不足の解消や生産効率の改善、コスト削減のような製造におけるお客様のお困りごと解決に尽力しています。

――確かな経験をお持ちなのですね。どのような経緯で製造業界に？

23歳まではカラオケボックスのオーナーとして複数店舗を経営しておりましたが、働き過ぎで身体を壊してしまい退職。その後、フリーターのような形で製造業界に入り、色々な工場で働くようになりました。自動車や工作機械を扱う仕事をしていたのもそのころですね。一番長く経験したのは、プラスチック成形の仕事です。たまたま始めたのですが、現場で鍛えられていくうちに知識やノウハウが身に付き、どうすれば作業の効率が上がるかなどについて周囲に意見を言えるようになりました。それが勤めていた会社の会長の目に留まり、仕事を任される立場になったんです。それから設計や加工などの仕事も覚えて、できることが徐々に増えていきました。最終的に20年ほど勤めていましたね。

――周囲の方にしっかりと発言をするなど、日高CEOは当時から経営者の視点を持っていたのですね。

20年勤めたうち、18年くらいは管理職をしていたので、自分が先頭に立って人を引っ張っていくほうが向いていると思っていましたね。そして40歳過ぎから次第に独立を視野に入れるようになり、メーカーさんとのお付き合いも増やしていきました。経験を積んでいく中で、人との関係性が大事だと気付いたんですよ。そうしてやがて独立へと至りました

――独立に不安はなかったのですか。

誰かの後押しがあったわけではないのですが、どこかで「なんとかなる」と思っていました（笑）。それも今まで積み重ねてきた経験があるからですね。これまでと同じようにコツコツとお客様のために仕事をしていくだけだという想いです。ありがたいことに今年の9月で創業して2年を迎えます。少しずつではありますが、順調に一段ずつ階段を登れているのかなと感じています。3年目までは種まきの期間だと考えていて、人脈をさらに広げるとともに製造業以外にも挑戦していきたいですね。

――ここからさらに新たな挑戦をと考えておられるのですね！

プラスチック成形で培った経験やノウハウは他業種にも活かせると思いますので、事業を絞らずに様々なことに挑戦したいですね。すぐに実績は出せないかもしれませんが、事業柱を増やすことで会社として安定して成長していけるはずです。まだまだこれからではありますが、認知度のある会社を目指して成長していきたいですね。

（取材／ 2023年8月）

ゲスト 島崎 俊郎

「店舗経営を経験し、前職でも作業効率の向上に努めるなど日高CEOは経営者に向いている人物なのでしょうね。挑戦心と行動力を持ち合わせているCEOが牽引する『Tsプランニング』さんのこれからが楽しみです！」

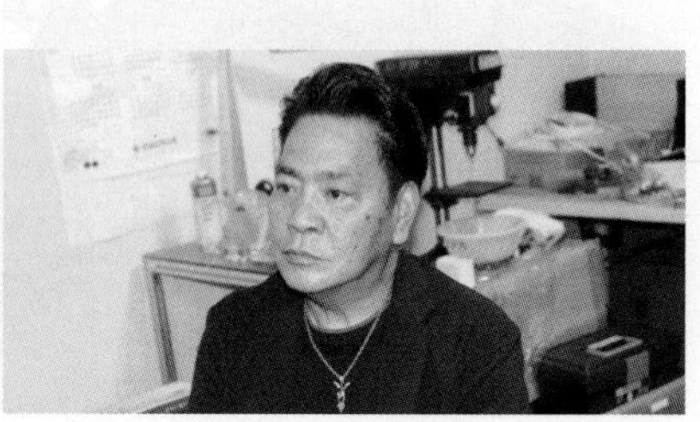

院長
竹腰 信人

医療を通じて子育て世代を応援したい 柔軟な診療体制のこどもクリニック

一般小児科、予防接種、乳幼児検診を行う『たけのこ こどもクリニック』。竹腰院長は「子育て世代を応援したい」という想いで、日曜診療、WEB予約・問診など育児の負担軽減を図った院づくりに取り組む。今後は全日診療可能な体制の構築を目指し、日々前進を続ける構えだ。本日はタレントの布川敏和氏が院長のもとを訪問し、様々なお話を伺った。

――早速ですが、『たけのこ こどもクリニック』さんはどのようなクリニックなのですか。

2023年8月に開業した小児科のクリニックです。予てから「子育て世代を応援したい」という想いがあり、当クリニックはお子さんやご家族に寄り添えるように、日曜日診療など柔軟な診療体制を築いています。

――松原市で開業されたのは何か理由があったのですか。

開業するにあたり、生まれ育った堺を中心にいくつか条件を挙げて探していました。まずは複合テナント施設であること、駐車場が広いこと、ベビーカーも入りやすいように1階にあること、幹線道路に接していることの4つです。この条件を満たしていたのがこの場所でした。横にショッピングモールがあって、お近くに住まわれていない方でもわかりやすい場所だと思います。

――車でのアクセスが良く、日曜日にも受診できるのはありがたいですね。

私は医療を通した子育て支援を目的に開業しました。例えば、日曜日にお子さんが発熱しても、救急外来に連れて行くしかなく、薬も1日分しか貰えず、月曜日にまた病院へ連れて行かなければなりません。最近は共働きのご家庭も増えていますし、負担が大きいと思います。少しでも子育てが楽になるように、楽しくなるようにと、日曜日に診療することを決めました。そうすることで休みの日に何かあっても週初に慌てて受診する必要がなくなります。また、予防接種や健診も受け付けていますので、日曜日に家族揃って来院して、予防接種や健診を受けて、そのあと隣のショッピングモールで買い物など、ご家族で楽しい休日の一ページにしていただけます。

――このようなクリニックが身近にあると、とても安心できるでしょうね。

ありがとうございます。当クリニックは他にも、専用のアプリ・WEB予約・問診もご用意しています。WEB問診は詳細に作成しているので、ご家族が付き添えなくても病状や不安点を伝えられるように工夫をしています。

――竹腰院長のお子さん・ご家族を想う誠実なお人柄が反映されたクリニックなのですね。最後に今後の展望をお聞かせください。

今は人員が足りず、十分な体制が整っておりませんが、いずれは祝日や土曜午後・夕方も診療可能にしたいです。また、「子育て世代を応援したい」という想いは当クリニックのスタッフへ向けたものでもあります。子育て中でも安心して働ける環境を整えたいです。具体的には病児保育に関心があり、小児科と病児保育をドッキングさせたサービスにも挑戦したいなと考えています。5年後には何らかの形で実現することが今の目標です。

(取材／ 2023年8月)

ゲスト
布川 敏和

「お子さん・ご家族を助けたいという想いが詰まった『たけのこ こどもクリニック』さんの存在は地域でとても大きいでしょうね。ゆくゆくは全日診療を可能にしたいと話されていましたが、竹腰院長ならきっと実現されるでしょう。応援していますよ！」

たけのこ こどもクリニック

大阪府松原市新堂4丁目1186番1
URL：https://www.takenoko-kc.com/

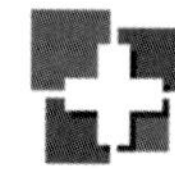

オーパス・エンタープライズ株式会社
オーパス薬局 宮崎台店

神奈川県川崎市宮前区宮前平 3-2-1
フォレスタ宮崎台 1 階

小さな困りごとにも親身に寄り添い地域医療を支え安心を提供する

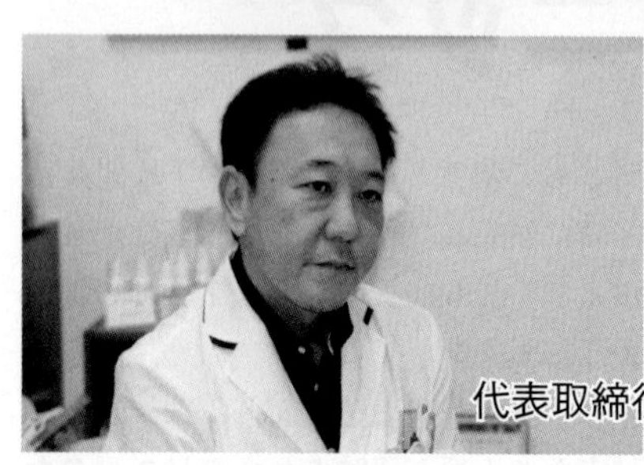

代表取締役社長 **大平 延弘**

些細なことでも相談しやすい、地域に根差した薬局として頼られている『オーパス薬局』。まだ 1 年目ながら、大平社長やスタッフの人柄ときめ細かな対応によって、多くの患者から信頼を獲得している。本日は山中慎介氏が社長のもとを訪問し、インタビューを行った。

――まずは、大平社長の歩みからお聞かせください。

社会に出てからは、外資系の医療機器メーカーで営業マンをしていました。フランス、イタリア、アメリカなどに本社を持つ会社で、合計約 25 年勤めたんです。その中では、日本の商社に移ることを打診されたことも 2 度あったのですが、外資系企業と国内企業では働き方が異なるので断っていたんです。ただ、2 度目の機会の時に「将来を考え直すタイミングなのかもしれない」と思いまして。その時に、独立しようと考えたんです。

――そこで薬局を選ばれた理由は？

私は基本的に営業担当ではありましたが、多くのドクターや患者様とも触れ合ってきました。患者様と直接お話しする機会も多かったですし、オペに立ち会ったこともあります。そんな中で、私のノウハウを活かしながら、もっと患者様に対して身近な存在になれないかと考え、ベストだと思ったのが薬局でした。

――開業には、お医者様や薬剤師さんとの協力が不可欠になりそうですね。

おっしゃる通りです。私が一緒にやりたいと思っていたドクターが大学病院におられ、最初に声をかけた時は「開業は自分にはまだ早い」と、断られたんです。ですが半年後、その先生のほうから「一緒に協力して頑張りましょう」と声をかけてくださり、現在に至ります。

――良いご縁があって、具体的な独立が見えてきたわけですね。

はい。そこから『オーパス・エンタープライズ』を立ち上げ、協力してくださる薬剤師の方などにも恵まれました。本当に良い仲間ばかり揃っていて、改めて人材があってこその事業だと感じています。皆患者様とのコミュニケーションをしっかり取ってくれており、当社のスタッフを指して「この人に会いにこの薬局に来てるんだ」と言ってくださる患者様もいらっしゃるんですよ。

――それは嬉しいお言葉ですね。気軽に来られそうな雰囲気です。

些細なことでも、地域の方から相談していただける存在になりたいと思っています。LINE でお薬の相談をしたり、処方せんのお写真を送っていただいて待ち時間をカットしたりと、効率的なご利用も可能です。様々な患者様のニーズに幅広く対応していきたいですね。

――温かみがありつつ、時代にも対応されていますね。最後に、今後の展望をお聞かせください。

ちょっとしたことで患者様から頼っていただき喜んでもらえるような、地域に根差した薬局にしていきたいです。そして、いずれは店舗展開もし、頑張ってくれているスタッフに還元できる職場環境構築していきたいです。

（取材／ 2023 年 8 月）

ゲスト **山中 慎介**

「『優秀な仲間に恵まれたお陰』と、大平社長は一緒に働く方々に感謝の思いを述べておられました。そうした思いが、薬局の柔らかな雰囲気にもつながっているのでしょう」

人生最期の日々を輝かせたい——利用者に寄り添う安らぎの施設

代表取締役社長
寺田 きよ子

神奈川県横浜市の有料老人ホーム『菜の香』。看護・介護の分野で確かな実績を積み上げてきた寺田社長が「生きていて良かった」と利用者に感じてもらえるような施設を目指し、利用者とご家族の想いに日々寄り添い続ける。本日はつまみ枝豆氏が社長のもとを訪問し、仕事に懸ける想いなど様々なお話を伺った。

——早速ですが、『菜の香』さんはどのような施設なのですか。

『菜の香』は利用者の方々に「生きていて良かった」と感じていただけることをモットーに支援を行う有料老人ホームです。当施設は医療・介護の面から有資格者による利用者様一人ひとりに寄り添ったケアを提供しています。また、医療機関と連携していますし、終末期医療のための設備やスタッフを配置するなど、他の施設では難しいような医療依存度の高い高齢者や障がい者も積極的に受け入れているんですよ。

——施設を立ち上げるにあたって、どんなことを重視されましたか。

利益を重視するのであれば、健康なうちから入所したいと考える裕福な方を対象としたほうが良いのでしょう。しかし、私はそういう施設にしたいとは思いません。どんな人も平等に生活できる社会を提唱する「ノーマライゼーション」の考え方を大切に、医療・看護依存度が高い方をありのままに受け入れ、さらにその状態を可能な限り改善していくということをこの施設では心掛けたいんです。

——利用者本位の素晴らしい姿勢ですね。そこまで寺田社長を突き動かす原動力とは何なのでしょうか。

例えば、昨日まで食事できなかった方が今日は食事できているというような出来事に立ち会えると、この上なく嬉しいですね。私たちの仕事は利用者様の人生をたとえ短い間でも幸福で満たし、良い最期を迎えることで人生全体を輝かせることです。そのために日々励んでいます。

——それだけ親身に寄り添ってくれるスタッフさんが側にいるなら、利用者さんも安心して過ごせるでしょうね。

今日も早朝からスタッフたちと一緒に利用者様の健康チェックをしました。開業から20年近く経っていますが、立ち上げ当時についてきてくれた7人の仲間たちは今も一緒に現場で働いています。「年下の利用者様が増えてきて、お互い年を取ったね」とみんなで軽口を叩いていますが、私もいつまで続けられるか。

——いつまでも頑張ってくださいと言いたいような、言いたくないような……。

サービスの低下に繋がりますから、人件費を削るわけにはいきません。しかし、この仕事への想いを曲げなければいけない状況に追い込まれるのは非常につらいです。この場を借りて、私たちが立たされている局面を一人でも多くの方にご理解いただきたいですね。これから福祉の研究が進んで、介護の質は改善するでしょう。当施設もその一助となりたいですね。後継者である息子に安心してこの施設を引き渡せるように、業界全体が豊かになることを願っています。

——この対談がそうした状況を広く発信するきっかけになって、業界の改善につながるよう切実に願っています。最後に、今後の展望についてお聞かせください。

先ほど話した例の7人が精力的に動いてくれるので、利用者様の笑顔を励みにこの先も共に頑張っていきたいですね。年を重ねるとめげることも増えますが、一方で不思議と時間が生き生きと輝き出すこともあります。そういう時間を色んな方と共有していきたいと思います。

（取材／2023年8月）

「利益は二の次にして、あくまでも利用者さんの幸せを第一義に置く寺田社長の姿勢に胸を打たれました。お体にご留意いただきながら、これからも利用者さんに寄り添い続けていってください。陰ながらではありますが、応援していますよ！」

株式会社 菜の香
ケアサービス菜の香

神奈川県横浜市保土ケ谷区神戸町105番4
URL：http://www.y-nanoka.jp/

株式会社 音楽の畑
ヘルパーステーション ゆかりん
占いといやしのゆかりんカフェ
佐賀県鳥栖市宿町 1421-5

音楽を取り入れた「ゆかりんマルシェ」と訪問介護の両輪で皆さんと楽しみを共有したい

※次回の「ゆかりんマルシェ」は『ゆかりんカフェ』にて 2023 年 11 月 19 日（日）10:00 ～開催予定

代表取締役 **鶴田 ゆかり**

『音楽の畑』は演奏が困難な方も受け入れる音楽教室からスタートし、ヘルパーステーション『ゆかりん』を立ち上げ、10月にはカフェ『占いといやしのゆかりんカフェ』をオープン。鶴田社長は音楽と訪問介護、そしてカフェで日々利用者に寄り添う。本日はつまみ枝豆氏がお話を伺った。

――鶴田社長は音楽教室の運営、そして訪問介護の仕事もしていると伺いましたが、何かきっかけがあったのですか。

ハンディキャップのある方や保護者の方が「音楽を習わせてやりたい」「ステージに上げてやりたい」と私の音楽教室『音楽の畑』に来られることがあったんです。そうした生徒さんたちと音楽の楽しさを分かち合うためには、まず私のほうから障がいのある方たちに寄り添う必要があると感じました。しかし、介護の知識や経験が全くなかったのでまずは資格を取り、訪問介護事業所でヘルパーの経験を積むことにしたんです。

――音楽とは全く違うお仕事ですが、実際に始められていかがでしたか。

アルバイトからのスタートでしたが次第に色々と仕事を任されるようになっていきました。音楽教室も並行して続けていたので、多忙な日々でしたね。どちらかだけにするという選択肢もあったかと思うんですが、私にとってこの2つの仕事は相互に良い影響を与え合っていて、どうしても両立させたかったんですよ。音楽と介護は私の人生の両輪でした。

――そんな多忙な中でも両立させることができた原動力は何だったのでしょう。

人が希望を持った時の笑顔が原動力です。ある時、障がいのためにいくつかの音楽教室に入会を断られた生徒さんが当教室にいらっしゃいました。わずか1時間のレッスンでもその生徒さんが何年分もの失った自信を取り戻していく様子を見て、この仕事は生徒さんに未来への希望を与えることができると知り、自分の仕事の価値を再確認しました。耳が不自由な生徒さんも最終的にはコンクールで金賞を獲得するまでになりましたよ。

――胸を打つお話ですね。『ゆかりん』さんについても伺います。こちらの事業所はいつ立ち上げられたのですか。

2021 年の 9 月です。様々な介護の現場を通じて、「人は住み慣れた環境で心身のケアを受けるのが一番」だと感じたので訪問介護事業『ゆかりん』を始めました。私の場合、スタッフや周りの方々に支えていただいたからこそ、今日があると思っています。ただただ感謝しています。まだまだ支援が必要な方が助けを待っていますが、全国的に見ても介護職員の数が足りていないと思います。イベントなどを通じて、介護事業の現状も伝えていきたいですね。

――最後に、今後の夢を教えてください。

10 年後くらいには中国でも訪問介護事業を始めたいと考えています。あちらでは少子高齢化が日本よりも深刻なので、そういった場所で自分の積み重ねてきたスキルで恩返しをしたいです。そこでもう一つの天職である音楽とクロスオーバーさせることができたら嬉しいですね。人を支える気持ちと芸術は国境も言葉も越えると信じていますから。

（取材／ 2023 年 8 月）

ゲスト **つまみ枝豆**

「鶴田社長は介護事業のほか、音楽を取り入れた『ゆかりんマルシェ』を開催するなど、様々な楽しみを共有する場を提供しているそうです。今後も人々に笑顔を与えていってくださいね」

地域一体で子どもたちの未来を育みながら保育の素晴らしさを伝えていく

株式会社 つながり

佐賀県鳥栖市本町 2-79-7
URL：https://www.tsunagarikids.jp

小規模認可保育所 **つながり保育園**

佐賀県鳥栖市本町 2-79-7

企業主導型保育園 **ふれあい保育園**
佐賀県鳥栖市藤木町 1-32

代表取締役 **石山 健司**
×
ゲスト **つまみ枝豆**

0歳から2歳までの子どもたちを対象に、家族のように寄り添いながら健やかな成長をサポートしている『つながり保育園』と『ふれあい保育園』。石山社長は保育士の地位向上を目指して日々努力を続ける経営者だ。本日はタレントのつまみ枝豆氏が社長にインタビューを行った。

――石山社長はなぜ保育の道を歩まれるようになったのですか。

元々高校生のころから保育の仕事に興味があったんですが、当時から保育士の収入は低く先生にも反対されたため、以前は建築業界で働いていました。やがて30歳で2人目の子どもを授かった時に、やはりこんなに可愛い子どもに関われる保育の仕事がしたいと思い、保育園を立ち上げる決意をしたんです。まずはノウハウを学ぶために保育園のフランチャイズに加盟してスタートし、その後、自分のやりたい保育が明確になったので独立しました。『つながり保育園』と『ふれあい保育園』の2園を運営しており、合計で38名の子どもたちを預かっています。

――なぜこの地域を拠点に？

九州でも鳥栖市は交通の要所で、少子化が問題視されている今後も子どもが減りにくいと考えたからです。実際に開園してみて日々街の方々の温かさを感じていますよ。『つながり』という社名には色んな繋がりを大切にしながら地域の皆さんと子どもたちを育てていきたいという思いを込めています。

――素敵です。近年は保育業界の人材不足も問題になっていますが、こちらの保育園ではいかがですか。

確かに当園も人材不足で窮地に陥ったことがありましたが、私の思いを知る色んな方が協力してくださり、規模を縮小しつつも経営を続けることができました。その時の経験は大きな学びになり、その後も未来に向けて何ができるか考える中で、私自身こんなに素晴らしい仕事はないと自信を持って思えるようになりましたね。今は地域や国の未来を担う子どもたちを本気で育てたいという気概のある保育士に来ていただけるように園づくりに励んでいます。

――子どもたちも保護者も十人十色だからこそ、接する保育士さんたちのフォローも欠かせませんね。

おっしゃる通りで、私たちの子ども時代とは違い、今は多様性が重視されます。環境もニーズも異なる中で悩まれる保育士は多いですが、そのケアは経営者としての私の仕事だと考えています。

――子どもたちの未来を育む仕事だからこそ難しいことも多いと思いますが、頑張っていただきたいです。

ありがとうございます。当園が対象とする0歳から2歳までは発達や発育にとって大切な時期です。子どもは0歳のころから言葉を認識していて、沢山話し掛けられた子どもたちは発達に好影響があるという研究結果もあります。そのため当園でも例えば食事の時にはまだ話せない時期の子どもたちにも「美味しいね」と話し掛けながら食べさせるなど、声掛けや手厚い保育を大切にしています。また、基本的にご家庭に介入はしませんが、子どもたちのためにどうしても必要な場合は保護者の方々への声掛けも行い、連携して保育に取り組んでいます。

――最後に今後の展望を伺います。

未だに保育士の社会的地位は低いと見られることがあるので、そうした偏見をなくし、待遇改善に取り組みたいですね。そして保育士を幸せにしたいです。また、これまでの学びを活かして、講演活動や保育園のコンサルティングにも取り組んでみたいと思います。

（取材／ 2023 年 8 月）

After the Interview

「経営の危機を立て直された時には、ご自身の保育観をアップデートするきっかけに繋げるなど、直向きに保育に取り組んでこられた石山社長。今後もその情熱で、子どもたちを明るい未来に導いていってくださいね」 つまみ枝豆・談

在宅勤務可能な就労継続支援で可能性を広げ、利用者も職員も笑顔にしたい

（取材／ 2023 年 8 月）

代表取締役　山本 佳恵
×
ゲスト　島崎 俊郎

DATA：

㈱ LULICA
就労継続支援 B 型事業所 花名〜はんな〜
愛知県豊橋市萱町 14 八千代ビル 2 階 2B 号室

──どのようなきっかけで山本社長は福祉業界に入られたのですか。

子どもが 2 歳の時に自閉症と知的障がいを持っていることが分かったんです。個別療育の教室に通わせたくて授業料を工面するために仕事を探していたところ、偶然にも障がい者就労支援施設で働くことに。そちらで障がい者支援の仕組みを知り、「自分の子どもにも将来的に働ける場所があるんだ」という希望が湧いてきて、この仕事にどんどんとのめり込んでいきましたね。最終的に現場と事務を合わせて 5 年ほど経験しました。

──不思議な巡り合わせですね。独立されたのはいつごろですか。

2022 年ごろから独立の準備を進めていました。そして、最適な物件がようやく見つかったので『LULICA』を設立し、2023 年 5 月に就労継続支援 B 型事業所『花名〜はんな〜』を開所しました。

──『花名〜はんな〜』さんの特徴を教えてください。

私自身が過去に SE をしていた経験を活かして、利用者様にパソコンを使った在宅ワークを提供しています。一般的には通所が多いのですが、身体的・精神的に通所が困難で諦めていた方の自立へ向けた新たな可能性を生み出せているのではないかと思っています。

──家から出られなくて諦めていた方もいらっしゃるでしょうし、とても意義深い事業ですね。最後に、今後の夢があればお聞かせください。

利用者様やご家族、職員など関わる人たちみんながハッピーになれるような事業所を目指しています。例えば、職員の多くは子育て世代ですので、お子さんとの時間を確保しながら仕事と両立できるなど、働きやすい環境づくりを意識していますね。これからも地域の方々が笑顔になれるように、より一層の想いで仕事に励んでいきます。

利用者に寄り添った訪問介護で、人生に彩りを加える

（取材／ 2023 年 8 月）

代表取締役　押江 善正
×
ゲスト　大沢 樹生

DATA：

㈱ fando
彩虹 Labo
東京都足立区弘道 2-23-2-102

──押江社長はどのような経緯で介護業界でキャリアを築いていったのですか。

最初は副業として介護の仕事をしていました。しかし、ある時言語障がいがあり、言葉で上手く意思を伝えられないために不機嫌になってしまう方を介護する機会があったんです。初めは私も「感情的になりやすい人」とだけ伺っていて不安でしたが、後にそれが障がいに起因することを知り、ヘルパーの抵抗をなくすためにも伝え方の大切さに気づきました。それからますます介護の勉強を重ね、いつの間にかヘルパーを教育する指導者になっていました。

──独立には何かきっかけが？

私の出身地・荒川区は隣近所で助け合うのが当たり前の地域だったんですよ。そのような親密さで介護ができるところをつくりたいと思ったんです。また、中国でも介護需要が高いと知って、日本の介護を持っていきたいと考えました。そのためには自分がトップとなって動きたいと『fando』を立ち上げ、訪問介護事業所『彩虹 Labo』をスタートしたのです。

──お仕事をする上で大事にしていることはありますか。

笑顔は人生の彩りですから、利用者様が笑顔になれるように寄り添うことを心掛けています。また、社員を大事にしていますね。社員がやりがいを持って働くことで、利用者により良いサービスを提供できますから。

──最後に、今後の目標はありますか。

現場の方々の収入を上げられるように、安定した事業基盤をつくりたいです。また、「介護」という言葉は第三者が困っている人のお世話をするといった意味合いが強いので、その言葉がなくなるくらい人が助け合うことが当たり前の社会にしたいですね。そのためには子どもへの教育も大事ですから、学校などの教育機関で講演会も開きたいです。

危機管理の第一人者が、世界各地での安全・安心を 24 時間サポート

(取材／ 2023 年 8 月)

代表取締役社長　大越 修

×

ゲスト　大沢 樹生

DATA：

㈱オオコシセキュリティコンサルタンツ

東京都港区芝公園 3-4-30
32 芝公園ビル 4F 405B
URL：https://www.globalsecurity.jp

――大越社長は、ずっとセキュリティ関係の業界におられるのですか。

社会人の第一歩は、警察官としてスタートを切りました。そして外務省に出向し、ニューヨークに転勤。帰国後、その時の繋がりがきっかけで、民間企業のセキュリティ部門に移ることになったのです。米国で暮らす中で日本の治安の良さを感じる一方、日本も安全とは言えない時代が来るかもしれないと、セキュリティの必要性と将来性を感じていました。それで、警察官から民間企業への転身を決めたのです。

――先見の明をお持ちですね。それはいつごろのことでしたか。

1980 年代後半でした。米国資本企業のセキュリティに対する姿勢に多くを学び、その後は別の企業でも経験を積みました。そして、前職で韓国と日本のセキュリティ部門でマネージャーを務めているころに、賛同・協力してくれる人の存在もあって当社を立ち上げたのです。当時は必要性を感じてもらえないこともありましたが、海外進出する企業も増えた今、危機管理の重要性が認知され、多くの方から必要とされるようになりました。

――海外での安全対策などがメインでしょうか。

国内外を問わず、企業・団体、学校及び個人の危機管理に関するサービスを提供していますが、海外に関しては得意とするところです。予測不可能な事件・事故に 365 日、24 時間体制で対応しています。例えば誘拐、脅迫、テロなどの事件に巻き込まれた場合に、現地パートナーとの連携で危機回避をサポートした実績が多数あります。物理的なことだけでなく情報漏えいなどにも対応し、海外赴任前の危機管理研修なども行っています。当社の働きで、皆様にとってセキュリティがあって当たり前な、安心な世の中に貢献できれば嬉しいです。

子どもたちが新たな社会を生き抜く力を育むサポートを

(取材／ 2023 年 8 月)

代表取締役　小山 幸司郎

×

ゲスト　野村 将希

DATA：

㈱現代の寺子屋

京都府京都市伏見区桃山町金森出雲 3-28
URL：https://www.fushimi-terakoya.com/

――小山社長が独立されるまでの経緯をお聞かせください。

大学卒業後から 37 年間、京都市役所に勤めていました。中小企業の方のお手伝いをする部署に長く配属され、その中で、新たな起業家を増やす土壌を作るためには、子ども時代からの教育が重要であると感じたんです。教育関係者の中では、学校教育が明治以来の転換期にあるという意見もあります。そこで、私も教育に携わりながら子どもたちと地域の未来に繋げていける事業を行いたいと思いまして。公務員として勤めているとできることも限られるので、59 歳で退職しこの『現代の寺子屋』を立上げました。

――教育の転換期と申しますと、具体的には従来とどのように変わっていくとされているのでしょうか。

今までは、教育では知識に重きを置いていましたが、それに加えて思考力、判断力や社会での協調性などをバランスよく学んでいく必要があると言われています。こうした方針は文部科学省も推進していることですが、学校や塾だけではなかなか充分ではない。知識の習得は進学塾などにお任せするとして、私共は残りの判断力と社会性の部分を補っていけるようにと考えています。

――より実際的な教育ですね。

例えば地域の商店街の様々な課題を発見し、解決するまでのフローを体験したり、売りたい相手をイメージしてマーケティングを体験してもらったり、といったことを行っています。まだ動き出したばかりなので、今のところ単発のイベントのようなかたちですが、ゆくゆくは週に 1 回など安定的に運営していきたいと思っています。そして、この方針に共感してくださる方がいれば私の考えや体験を共有し、ここ京都伏見以外の地でも、こうした教育が広がっていけば嬉しいですね。

常に前を向いて努力を続け、社員たちが豊かになる企業を目指す

（取材／ 2023 年 8 月）

代表取締役　西林 和弘

×

ゲスト　島崎 俊郎

DATA：

㈱弘進工業

愛知県大府市森岡町５丁目 215 番地

──『弘進工業』さんでは塗装工事を手掛けておられるとか。西林社長はいつごろ建設業界に入られたのですか。

10 代半ばです。現場仕事で腕を磨いて 23 歳の時に最初の独立を果たしましたが、リーマン・ショックの影響で継続が難しくなり、出直すことにしたんです。そして再度独立することを目標に、死に物狂いで努力しました。

──頑張られたのは、何か理由が？

私は 20 歳過ぎまでやんちゃをしていたのですが、その間に私を追い抜いていった仲間がいたんです。差がついてしまったことが悔しく、必死に頑張りましたね。私の兄はとても優れた技術力を持つ塗装職人で、兄に頭を下げて技術を学ばせてもらいましたし、自分でも沢山勉強しました。そうして準備を整え、再度独立して当社を設立したんです。

──必ず目標を実現してみせるという気概を感じますよ。これまでを振り返ってみていかがですか。

信頼していた人に裏切られるなど悔しいことも何度も経験しました。ただ、それに腹を立てたり、捕まえたりすることに労力を割くより、気持ちを切り替えて将来のために努力することを大事にしたいと考えています。その人が当社を去ったことを後悔するくらい立派な会社にしたい。ですから建設業許可も取得し徐々に事業を成長させているところです。

──つらい経験をされても挫けず前を向く姿は人の心を打ちますし、周囲にも好影響を与えると思います。今後については？

会社をさらに大きくし、それで得た利益を社員たちに還元して彼らの生活をより豊かにしたいです。今は塗装業がメインで作られたものに塗装を施していますが、ものづくりの段階から関わってみたいですね。そして異業種にも挑戦しつつグループとして事業を展開しながら、将来的には総合建設会社を目指します。

あなたは大丈夫!? 意外と知らないビジネスマナー ～名刺交換編～

ビジネスシーンにおいては、名刺交換に始まる立ち居振る舞いがあなたの第一印象を決定づける。「名刺交換なんて簡単！」と思いきや、意外に細かな決まり事が多い。会社の看板を背負うビジネスパーソンとして、正しい礼儀礼節、そして相手を立てる振る舞いで好印象を与え、チャンスをものにしよう！

名刺は常に、綺麗なものを多めに準備しておく。名刺は“第二の顔”とも言われる大切なものなので、相手の名刺を相手そのものと思い、敬意を持って扱うのがマナーだ。では名刺交換の仕方を順を追って見てみよう。

①応接室などに通され、商談相手が来るまで座って待っていた場合は、相手が部屋に入ってきたらすぐに立ち上がり、相手と“向かい合って”立つ。テーブル越しは NG。テーブルがあれば回り込んで正面に立つのがマナーだ。

②名刺を出すのは、訪問した側や立場が下の人間から出すのが基本だ。名刺入れから名刺を取り出したら、相手が文字を読めるように向きを正し、名刺を持つ自分の手で名前などが隠れないよう注意しながら、“両手”で持つ。

③「株式会社○○、△△部の××と申します」──名乗りながら、名刺を“相手の胸の高さ”に差し出す。

④あなたの名刺を受け取った後、相手が自分の名刺を差し出してきたら、軽く会釈をして「頂戴いたします」などと挨拶を言いながら“両手”で受け取る。この時、相手の名前などを指で押さえないよう注意しよう。そして名刺を受け取ったら、「××様ですね。どうぞよろしくお願いします」と相手の名前をフルネームで声に出して確認し、挨拶を添える。名刺を出すタイミングが重なってしまう場合もある。慌てずに“左手”で相手の名刺を受け取り、相手が名刺を受け取ったのを確認したら右手を離して相手の名刺に両手を添える。また、相手が先に出した場合は、まず落ち着いて受け取り、「申し遅れました」と謝罪の言葉を一言添えてから自分の名刺を取り出すこと。名刺を落としたり折ったりしないように。名刺をぞんざいに扱うことは相手そのものをぞんざいに扱うのと同様だと思っておこう。

⑤商談中、名刺は名刺入れにしまわずテーブルの上に出しておく。相手が複数の場合、座席と同じ順番に名刺を並べておこう。

商談は名刺交換からすでに始まっている。日頃からロープレしておき、デキる印象を与えよう！

増える木造高層ビル エコな建築で未来を守る

～環境に配慮した社会をつくる木造建築～

近年、木造高層ビルが注目を浴びている。木材は鉄やコンクリートと比べて、製造時の二酸化炭素排出量が圧倒的に少ない。さらに、二酸化炭素を吸収し貯留できるため、脱炭素に貢献できる。このことから環境に配慮した建築物として多くの企業に高く評価されている。しかし可燃性が高く脆いイメージのある木。高層ビルを造る上でその耐火性や耐震性において懸念を持つ人も多いのではないだろうか。

しかし、現在はそれらの問題に対して技術開発による徹底した対策がなされている。まず耐火性においては、燃えた部分のみが炭化することで酸素供給を阻む建材および構造を使用し、燃え進まないような工夫がなされている。例えば、東京都内に建てられたとある木造高層ビルでは、柱に3層構造を採用。火災が起きると表面の木が燃えて炭化する。そしてその内側の石こうが、さらに熱を吸収。この2つの層で、表面は燃えても構造となる木は燃えることなく残るのだ。

次に耐震性。木造高層ビルの建築にあたって、使用される建材は様々だが、中でも多くの企業が採用しているのはCLT（直交集成板）。細長い木の板を並べた層を、繊維が直交するように互い違いに何層も重ねて圧着することで作られている。この構造によって縦横どちらからの力にも耐え、コンクリート並みの強度を保つことができる。また、断熱性や遮音性にも効果が期待される建材であり、木材への懸念を一気に解消してくれる優れものだ。

メリットしかないように思われる木造建築だが、課題もある。それはコストだ。木造の建築コストは、鉄骨と比べて約2割増し。ビジネスとして成立させていくにはまだ難しい状況だ。環境保全の貢献度が高い木造ビル。SDGs（持続可能な開発目標）の実現が叫ばれる昨今においてそのニーズは今後さらに高まっていくだろう。社会全体が環境問題に目を向け、改善に関わっていくためにも、早急な課題の解決に期待したい。

建築と不動産の二本柱を事業軸に堅実に成長を重ね上を目指す

代表取締役
田口 傑
×
ゲスト
山中 慎介
（取材／ 2023 年 8 月）

塗装工事、内装工事、防水工事といったリフォーム・リノベーション建築工事一式を手掛ける『弘商』。同社の強みは、さらに木造戸建ての買い取りや空き家買い取り・再生といった不動産事業も行える点だ。中国出身で 20 歳の時に来日した田口社長は、内装工事の現場で 10 年ほど修業した後独立し、同社を立ち上げた。当時は建築工事業でのスタートだったが、不動産のノウハウを持つ部長との出会いにより業容を拡張。現在のように“建築設計・施工管理ができる不動産会社”と謳う企業体制が整った。腕の優れた職人たちもおり、「安心して現場を任せることができます」と社長。仕事をする上で何より大切にしているのは信頼だという。今後は元請会社になることを目指し、信頼を積み重ねる姿勢を第一に、規模拡大を図っていく。

DATA：

㈱弘商
神奈川県川崎市川崎区渡田向町 3-9
フェリスハウス川崎 201
URL：https://www.hiroshyo.com

お酒にカラオケ、手作り料理も絶品来店客が笑顔で安らげるお店

代表取締役
日比野 幸雄
×
ゲスト
山中 慎介
（取材／ 2023 年 8 月）

日比野社長は以前、近隣の市で飲食店を経営していた。広いステージを設けてカラオケ設備にこだわり、景気の良い時代だったこともあり繁盛したという。そうした経験を活かし、次に大和市にてオープンしたのが、『フェニックス』だ。音響設備にこだわるなど、カラオケを楽しめるのは以前と同様。お酒も数多くの銘柄を用意しており、楽しく飲むも良し、大人っぽくしっぽり飲むも良しの環境だ。さらに、社長手作りのピザやナポリタンなど、美味しい料理が味わえることも特筆点だろう。店には地域の人や遠方からの人、さらに以前のお店時代からのお客様も今でも足を運んでくれるという。そうした様々なお客様との触れ合いを何よりも大切にしたいと社長。出会いやコミュニケーションを元気の源に、笑顔の絶えない店作りを続ける。

DATA：

㈲フェニックス
神奈川県大和市鶴間 2 丁目 12 番 6 号

世界から称賛される日本のお菓子を北米を主とした海外へと繋ぐ

代表取締役
井上 直樹
×
ゲスト
松尾 伴内
（取材／ 2023 年 8 月）

中国の大学を卒業し、合計で 20 年近く中国や周辺国で経験を積んできた井上社長。そして約 3 年前、中国で広告会社を立ち上げ独立した。多くの学びや苦労もあり、働き方や人生について考え直す機会を得たという。そんな中、友人を通じた縁から日本で新たに『Shotengai』をスタートさせた。手掛けているのは、北米の方に向けた日本のお菓子のサブスクリプションサービスだ。日本で一般的に売られているお菓子は、世界的に非常に人気が高い。それらを社長自ら買い付けし、日本に来る機会のない海外の方へと繋いでいる。今後はお菓子以外の食べ物や伝統工芸品など、取り扱い商品の幅を広げていく構え。海外マーケットを視野に入れるメーカーにとってのサポートにもなればと、社長は今後のビジョンを描いた。

DATA：

Shotengai ㈱
大阪府大阪市中央区南船場 2-10-27
EQUUS 心斎橋 403 号室
URL：https://shotengai.com

人との繋がりと信頼を守ることを第一義にしたフィットネス機器を専門に扱う物流のプロ

代表取締役
寺田 一男
×
ゲスト
松尾 伴内
（取材／ 2023 年 8 月）

『ケーツー』では、フィットネス機器に特化した物流業務を手掛けている。ジムに機器を搬送・納品・設置するほか、メンテナンスを手掛けることも可能。健康志向の高まりや筋トレブームでジムに通う人が増える中、米国製や中国製など需要に応じた様々な機器を扱いニーズに応えている。発注先のメーカーの多くは、社長の前職時代からの得意先。東京の同業者から発注を受けて、社長が納品することもあるという。「人とのつながりと信頼が何よりも大事です」と話す社長は、『ケーツー』という社名に 2 つの K ──「感謝」と「感動」という意味を込めた。そうした思いを胸に仕事に励みながら、今後についてはフィットネス機器のリサイクル品の扱いや自社倉庫の保有など、いくつかの目標を持つ。その一つひとつに、一歩ずつ近づいていく。

DATA：

ケーツー㈱
大阪府枚方市甲斐田新町 33-5
URL：https://k2-sekou.com/fitness

若年障がい者向けIT特化グループホームで自分の未来を創造する力を育んでいく

代表取締役
麻生 征雄
×
ゲスト
布川 敏和

（取材／2023年8月）

障がい者や外国人労働者など社会的弱者の希望に沿って、差別されず能力と適性に応じた活躍の場を提案し、自立した生活を送れる社会の実現に寄与する人材会社『アローパーソナルサービス』。同社が2022年にスタートし、注目されているのがITを活用した自立力を育む若年障がい者向けグループホーム『ラパス』だ。同ホームはゲーミングPC、ゲーミングデバイス、VRなどを完備し楽しみながらITと共生できる環境を提供。3Dモデリング、3D動画編集、プログラミングなどの技術を習得でき、IT分野で働く未来の可能性を広げている。日本社会は高齢者向けサービスを主体とし、若年障がい者が置き去りになっている昨今、若年障がい者の経済的格差をなくし、社会との繋がりを回復してダイバーシティを実現するべく力を尽くす。

DATA：

アローパーソナルサービス㈱
大阪府大阪市住吉区長居西3-3-20 サーティハウス201
URL：https://shigoto-aps.com
グループホーム・ラパス
URL：https://gh-lapaz.com

事業と市議会議員の活動を通じて誰もが住みやすい地域づくりに寄与する

代表取締役
甲斐田 義弘
×
ゲスト
つまみ枝豆

（取材／2023年8月）

1961年創立の『大硝産業』は硝子瓶の販売や一般貨物自動車運送事業などを手掛けている企業だ。酒造・醸造メーカーにリユース瓶の販売を手掛ける中で、ある時瓶を収納するケースの洗浄依頼を受けた。その仕事を障がい者に依頼することで、障がい者の雇用の受け皿となり働く機会と喜びを提供するべく障害者就労継続支援B型事業所『えがお』をスタート。そんな同社の舵取りを担う甲斐田社長は久留米市の市議会議員も務める人物。人脈を広げつつ、事業や議員としての活動を通じてより良い地域づくりに尽力する日々だ。今後事業では売上の主軸である運送業において倉庫業をスタートさせたり、障がい者施設を複数展開したりする構え。そして議員としては子育て世代が住みやすい街づくりに寄与し、各地域を盛り上げていく。

DATA：

大硝産業㈱
佐賀県三養基郡みやき町白壁1965　URL：https://www.taisho-sangyo.jp
障害者就労継続支援B型事業所 えがお
福岡県久留米市長門石5丁目5-3　URL：http://egao-happy.com

支えてくれた地域の人々に恩返しを――誰もが生きがいを持って生活できる社会に

理事長
高田 秀子
×
ゲスト
野村 将希

（取材／2023年8月）

高田理事長は病弱だった義妹のサポートを機に福祉業界に入った。そして1969年に『京都ハチの会』を設立。障害者就労継続支援B型事業所をスタートした。運営を続ける中では大変な時期もあったが、地域住民に支えられながら前進を続けてきた。現在は理事長のご子息が中心となって運営を担いつつ、理事長も80代半ばとなった今も事業をサポートしている。そんな同事業所では歩合制を採用し、体調不良の際には気兼ねなく休めるようにして自分のペースで作業に取り組める環境づくりを大切にしている。また、今後は自分の好きなことに取り組めて且つ収入とやりがいを得られるデイサービス事業所や、診療所などをまとめた新施設をつくりたいと理事長。誰もが活き活きと生活できる環境づくりで地域に恩返しをする構えだ。

DATA：

社会福祉法人 京都ハチの会
京都府京都市中京区西ノ京銅駝町62

豊富な知識と経験で利用者とご家族を支えより良い介護の未来を切り拓いていく

代表理事
佐藤 絵美里
×
ゲスト
山中 慎介

（取材／2023年8月）

身体介護や日常生活の援助の他、利用者のご家族の負担軽減のためのサービスなどを提供している訪問介護事業所『プッチケア』。運営会社『エミリケアアシスタンス』の佐藤代表は、20代から介護ヘルパーや介護福祉士として経験を重ねてきた介護のプロフェッショナル。さらに介護教員として病院や上場企業の介護スクールで教鞭を執るなど、後進の育成にも力を注いでいる人物だ。祖父母や母親を介護した経験から、利用者本人だけでなく、急な介護に戸惑うご家族の力になれる知識・情報を発信したいと独立した代表。現在は信頼するスタッフと共に業務に励んでいる。今後も自身の目の届く範囲で丁寧な仕事を大切にしつつ、介護タクシーや民間救急事業への参入も目指しており、未来に向けて新たな介護の形を社会に提示する。

DATA：

一般社団法人 エミリケアアシスタンス
神奈川県横浜市南区大岡2-15-5 ユナイト大岡エミリアプッチ101
URL：http://hp.kaipoke.biz/04v/

実直な仕事で信頼を集める看板製作会社 次世代のために盤石な事業基盤を築く

代表取締役
清水 弘史
×
ゲスト
布川 敏和
（取材／ 2023 年 8 月）

店舗、ショールーム、イベント、展示会などでの看板製作を手掛ける『オネスト』。清水社長は家業として同事業に邁進を続けていたが父親の逝去後、新会社設立に新たな活路を見出し、2001 年に独立を果たして同社を立ち上げる。前職時代から築き上げていた取引先との深い信頼関係もあり、滑り出しから仕事を獲得し、順調に業績を伸ばした。社名には「真面目にコツコツと地道に仕事に向き合う」という誠意が込められている。その想いを表したように「仕事に実直に取り組み、きっちりと収めた時に得られる達成感が原動力になっている」と社長は仕事への姿勢を語った。現在、同社の社員は 10 名。次世代の社員にスムーズにバトンを渡すために、社長は同社の事業基盤をより盤石なものに固めていく構えだ。

DATA：

㈱オネスト
大阪府東大阪市水走３丁目 11 番 33 号

実直に仕事に向き合って成長し、母国の道路事業の発展に貢献したい

代表取締役
ダンダル トルガ
×
ゲスト
野村 宏伸
（取材／ 2023 年 8 月）

土木工事、建築工事、設備工事、産業廃棄物処理業などを手掛ける『GoConstruction』。モンゴル出身のダンダル社長はモンゴルと日本の道路環境の差を知って、「日本で技術を身につけて、モンゴルの道路を綺麗にしたい」と決意した。その後、ゼネコンに入社し、研鑽を重ねる。その中で１級土木施工管理技士の資格を取得し、満を持して 2023 年に同社を設立した。設立当初から建設業許可を取得し、他社との関係づくりを大事にしながら、着実に信頼を集めた。経営者となった社長はやりがいを覚えながらもより一層の責任感と覚悟で事業を牽引する。いずれはモンゴルに支社を置き、東アジアへの進出を見据えている社長。母国の道路事業の発展に貢献するという夢に向かって社長は突き進んでいく。

DATA：

GoConstruction ㈱
千葉県千葉市中央区中央３丁目５番 7-604 号
URL：https://go-construction.co.jp/

落ち着いた雰囲気が魅力的な大人のバー お客様が羽休めできる止まり木になりたい

オーナー
福井 仁
×
ゲスト
島崎 俊郎
（取材／ 2023 年 8 月）

落ち着いた内装でお酒を味わえる大人のバー『HOCKER』。顧客が求める距離感で接客を行い、定番のドリンクでも顧客に合わせてアレンジするなど、福井オーナーはバーテンダーの世界の奥深さに魅了され、専門学校で知識を学び、いくつかのバーで経験を積んできた。そして、2005 年にオーナーの地元である蒲郡市で同店をオープン。店名はドイツ語で「止まり木」を意味し、「日々の喧噪から離れた、羽休めの場となるお店になりたい」という想いが込められている。オーナーは「自分がつくったお酒でお客様が喜ぶ姿を見るのが嬉しい」と仕事のやりがいについて教えてくれた。常連客に居心地の良い空間を提供するため、オーナーは同店を会員制バーとして展開することを見据えており、生涯バーテンダーを目指して走り続けていく。

DATA：

HOCKER
愛知県蒲郡市元町 8-3

料理とお酒で世界一周気分を味わえる人気バラエティ番組公認バー

オーナー
出雲 陽
×
ゲスト
山中 慎介
（取材／ 2023 年 8 月）

駅から徒歩１分の立地で世界各国の料理とお酒が楽しめる『世界一周バル どうでしょう』。店名は出雲オーナー自身がファンであった人気バラエティ番組から取られ、番組公認バーとして全国からファンの来店も多い。同店の“世界一周メニュー”は様々な国の料理を本場の味で提供しており、独特な香りが癖になるスペイン料理、スイス料理のラクレット、ウィーン名物のターフェルシュピッツなどまるで異国を訪れたようなワクワク感を届けてくれる。また、お酒は「ウユニ塩湖」など各国の地名にちなんだものや季節のフルーツを使ったオリジナルカクテルが取り揃えられており、楽しみ方は多様だ。今後について「ウイスキーのネット販売や量り売りにも挑戦したい」とオーナーは語り、同店のこれからに目が離せない。

DATA：

世界一周バル どうでしょう
神奈川県川崎市麻生区栗平 2-2-5 TO ビル 103
URL：http://world-doudeshow.com/

鮮度抜群の海鮮料理をお手頃価格で――人々に美味しさと笑顔を届けたい

代表取締役
高山 潮
×
ゲスト
つまみ枝豆

（取材／2023年8月）

高山社長は箱根の旅館や熱海の高級ホテルなどでの板前修業を経て、大手居酒屋チェーンでも料理の腕を磨いた人物。そうして30年近く修業を積んだ社長が一流の目利きで仕入れた、早川漁港の新鮮な魚介をふんだんに使った料理を楽しめるのが『潮若丸』だ。オープン以来、広告を出さずともその美味しさと手頃な価格が話題を呼び、前勤務先でお世話になった親方や同僚、常連客に支えられて客足が伸びていった。「コロナ禍も支えてくださった皆さんには感謝の思いが尽きません」と社長。平日はオフィス街で働く会社員がランチやディナーを楽しみ、休日は観光客を中心に愛されている同店。社長は「5年以内により広い店舗に移るか、新店舗を展開したい」と語り、将来的には故郷・東京にこだわりの小さなお店を構えることが目標だ。

DATA：

㈱潮若丸
【潮　若　丸】神奈川県小田原市栄町 1-4-4 Nakaniwa ビル 2F
【潮若丸平蔵】神奈川県小田原市栄町 2-5-1

ひたすらに磨いた料理の腕で提供する絶品焼き鳥の味を次世代に継承していく

オーナー
坂口 玄知
×
ゲスト
野村 将希

（取材／2023年8月）

こだわりの絶品焼き鳥を中心に、種類豊富な一品料理、ご飯物、スープなどが楽しめる『味処　あじげん』。2023年で30周年を迎える、地域住民に愛され続けている老舗焼き鳥店だ。同店で腕を振るうのは、地元・福岡の高級料亭を経て京都の名店でも長年修業を重ねてきた坂口オーナー。オープン当初、焼き鳥調理の経験は決して豊富ではなかったが、料理を愛する気持ちと長年料理人として磨いた腕を活かして努力を重ね、今では他店では出せない味で舌の肥えた来店客を虜にしている。寡黙でお酒は飲まず、遊ばず、料理一筋に直向きに歩んできたオーナー。これまでを振り返り「長年経営を続けられたのは支えてくださったお客様のお陰」と語る。今後は後継を希望する後進への指導・育成を目標に、愛される味を継承していく。

DATA：

味処 あじげん
京都府京都市下京区七条通猪熊東入ル西八百屋町 162-1

信頼できる社員と共に、警備業界のさらなる高みを目指す

代表取締役
松下 伸治
×
ゲスト
布川 敏和

（取材／2023年8月）

大阪府堺市を拠点に警備業を手掛ける『M's.Life』。長年不動産業界で活躍した後、松下社長は警備会社に転職した。警備業界で経験を積んでいく中で資格を取得し、大病を患いながらも同社を設立。現在も病を抱えて仕事を続けている社長について「情に厚く、誠実で面倒見がいい人」と同社の社員は語り、社内の絆の深さが窺えた。社長は異業種との交流も積極的に図ることで業界の垣根を越えた信頼関係を築き、事業領域の拡大に貢献。現場に出られない自身に代わって現場で励む社員が豊かになり、可能性を伸ばせる会社にしたいという想いで社長は真摯に仕事に向き合い続ける。「将来的には大阪の警備会社のトップ3に入り、今後開業予定の統合型リゾートの警備に関わりたい」と意欲的な展望を教えてくれた。

DATA：

M's.Life ㈲
大阪府堺市南区逆瀬川 814

強い絆とプライドが光る職人集団――妥協なき仕事で選ばれる組織を目指す

代表取締役
梶田 勇雄也
×
ゲスト
大沢 樹生

（取材／2023年8月）

店舗設計・デザイン・施工などを手掛ける『梶田建設』。オーナーが抱くコンセプトを形にすることで夢の実現に力を尽くす。大工・電気設備工事も自社で施工しており、「職人に恵まれたからできる」と梶田社長。経営者として自身が責任とリスクを背負い、職人たちには経営者目線で仕事に臨むことで多くを学んでほしいと、ガラス張りの経営を行うほか、施工だけでなく資金管理や仕事の段取りなども任せる。職人たちは「他所では5年かかることを、1年で学べる」と口を揃える。全員で目指すのは、妥協なき仕事で付加価値をつけ、価格ではなくクオリティで選ばれる会社だ。3年を目処に自社ブランドの確立、また不動産業への参入も構想中で、建設業と不動産業の両輪によって手頃な価格で瀟洒な住まいを手に入れる仕組みを築く。職人の絆と技術で、挑戦を続ける。

DATA：

㈱梶田建設
東京都足立区中央本町 3-16-22 サイジョウビル 201
URL：https://www.kajitakensetsu.com

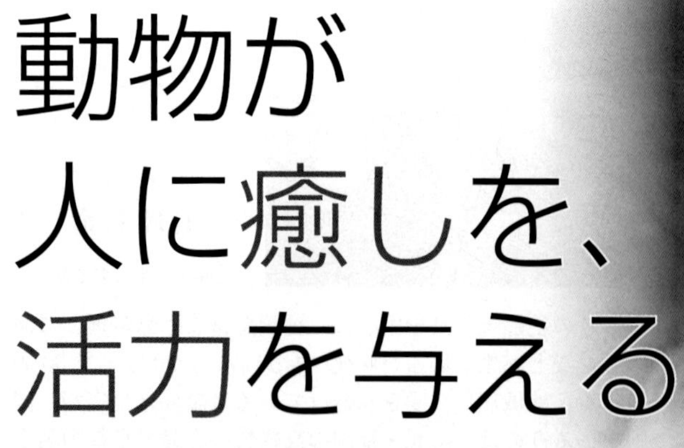

動物が人に癒しを、活力を与える

古くから動物の癒し効果を利用した治療は、様々な身体的・精神的病に生かされてきた。動物が参加した治療や活動を行うべくつくられた施設もあり、実際に、その効果も明らかとなっている。本稿では、実際に動物がどういったかたちで治療や活動に参加しているかなどを取り上げる。

◆アニマル・セラピーって？

アニマル・セラピーとは、その言葉の通り、動物を通して癒しの効果を得るというもの。治療を専門としたアニマル・セラピーは、動物介在療法のことを指し、動物療法もこの中に含まれる。欧米では1960年代から医師や理学療法士、獣医師の指導のもとで動物と触れあうことを身体障害者のリハビリ訓練や精神障害などの治療に取り入れる研究がされている。ただ癒しを与えるのではなく、身体的・精神的治療を促すというものだ。また、動物が持つ独特の癒し効果を活かした治療は、慢性疾患や急性疾患に対して利用されている。ふさぎこむ、狂乱状態に陥るといった感情を調整し、意欲を向上させ、痛みの緩和にも応用されているというから、幅広い場面で動物の癒し効果は活かされている。では、動物はどのようにして治療に活かされているのだろうか。実際に、動物が介在した治療はどのように行われているのだろうか。

◆動物の飼育を通して社会で生きる力を

ニューヨークのスラム街に暮らし、親の虐待や問題行動を起こした子どもたちが、牧場が併設された施設に入所する例を紹介する。この施設は、6～12歳くらいまでの子どもたちが動物の保護や家畜の世話を通して、うつ状態や狂乱状態に陥る回数を減らしていき、社会への適応能力を身につけていくことを目的とした、全寮制の治療施設。毎日決まった時間に決まった仕事をする――そのことが責任感を育み、一般社会の常識を身体で覚えていく。仕事をした時間分の給料を子どもたちに与え、働くことが利益につながるということも教えている。また、牧場には観光客が訪れることもあり、そのガイドも家畜などの世話を行う子どもたちの仕事だ。人に説明する作業が、人とのコミュニケーションを活発にするという。

◆動物はどのように治療に参加するのか

ここでは2つのタイプを紹介する。両者は、動物からのセラピー効果を偶発的と捉えるか否かで違っているのをお分かりいただけるだろうか。

・アニマル・アシステッド・セラピー
(Animal Assisted therapy)
医師や看護師、ソーシャルワーカー、作業・心理・言語療法士などが、治療におけるゴールも設定し、治療のどの部分で動物を参加させるかを計画し、行う。

・アニマル・アシステッド・アクティビティー
(Animal Assisted Activity)
病院や施設などでの特別なプログラムの中で行うものではなく、動物と触れあうことを目的とした活動。各種訪問活動がその代表で、活動において治療上のゴールは設定されず、ボランティアの自主性に任される。つまり、動物と触れあう活動の中でセラピー効果は生じるが、それはあくまでも偶発的であり、主たる目的ではない。

◆動物が人にもたらす癒しの効果って？

まず一つ目は、社会的潤滑油効果への期待。犬を連れて散歩することで同じく犬を連れた面識のない人と親しくなるというのが、良い例だろう。

二つ目に、動物は人々に自尊心や責任感、自立心や安堵感、楽しみをもたらし、精神的ストレスや孤独感を癒すという、精神的作用。

そして三つ目が、人が動物に対して働きかけようとする意欲から、日常の運動や動作が多くなり、また動物に対する話しかけにより発語が増えるという、生理的・身体機能的作用。実際に、ペットを飼っている人は、飼っていない人よりも収縮期血圧及び血清中性脂肪値が低く、また心筋梗塞後の1年生存率が高いなどの効果があるという。

☆

人の心を和ませる存在として、ペットから家族の一員へと、動物の存在価値への認識は高まるばかりだ。そうした中、具体的に動物が治療に参加し、人を身体的・精神的健康に導くケースは多く、動物が人に与える癒しや活力には計り知れないものがある。その力に大きな期待を寄せつつ、これからも動物たちとは良きパートナーであり続けたい。

風呂で家族の絆を深める“親子入浴”のすすめ

「浴育」という言葉をご存じだろうか。「食育」が食についての意識を高めることを目的としているように、「浴育」の目的は、風呂や入浴についての意識を高めること。風呂には一日の疲れを取る以外にも様々な効能・効果があり、特に子どもとの入浴は、親にとって大切なコミュニケーションツールとなっているようだ。

風呂に関する様々な研究や情報の発信を行っている組織の一つに、『風呂文化研究会』がある。1990年に発足し、“お風呂をもっと楽しく豊かに気持ちよくしたい”という方針のもと、『INAX』『花王』『TOTO』などバス関連製品大手の他、『パナソニック』『東京ガス』といった企業が名を連ねている。同会が提唱しているのが、風呂を親子の重要なコミュニケーションの場として大いに活用する“浴育”だ。

同会のアンケート調査によれば、親子での入浴が大切だと思う理由には「ゆっくり話ができる」「成長が分かる」「スキンシップが取れる」などが挙げられている。では子どもと風呂で一緒に何をしているかというと、その回答は「会話」「遊び」「学び」に分けられるという。特に「会話」は、朝から晩まで仕事に出ている多くの父親にとって、子どものことを知る大切な機会となっているようだ。

また、全身水浸しになりながら遊べるのは、海やプール以外では風呂場しかない。湯をバシャバシャかけあったり、湯に顔をつけたり、どのくらい長く潜れるか競争したり。お父さんお母さんとお風呂で楽しく遊んだ――そんな思い出も、子どもには大切だ。

そうした遊びは、「学び」にもつながる。数を数えてお湯につかっている時間を計ったり、九九の練習をしたり、湯気で曇った鏡に字を書いて覚えたり。子どもの関心をそらすものが他にないこともあり、風呂を集中して学べる場と考える親も多いようだ。また、下に示した表のように、日本には様々な“季節風呂”がある。これは経験的・習慣的に培われてきた知恵を活かした健康づくりであり、日本の伝統文化でもある。こうした風習を子どもに伝える場としても、風呂は大切なものなのだ。

“風呂”という習慣は、世界を見渡しても珍しいものだが、コミュニケーションを図りながら楽しく遊び、学べるという大変素晴らしい文化である。子どもの健やかな成長のために、ぜひ親子でバスタイムを楽しむことをお勧めする。■

月	湯	説明	月	湯	説明
1月	松湯	松の花言葉は「不老長寿」。正月の縁起物でもあり、日本人にはなじみ深い植物だ。松には、神経痛などの痛みに有効な成分が含まれているという。	7月	枇杷(びわ)の葉湯	枇杷の葉を煎じた物は夏バテに効くお茶になるという。風呂に入れるとあせもや湿疹などの症状を緩和する効果が期待でき、夏場にはお勧めだ。
2月	大根湯	大根には様々な酵素や辛み成分が含まれている。大根の葉を干したものは、冷えに効く入浴剤として昔から重宝されてきた。保温効果に優れている。	8月	薄荷(はっか)湯	メントールという成分によるスースーとした爽快感が特徴。血行を促進する働きもあり、サッパリしつつも体はきちんと温まっているのだ。
3月	蓬(よもぎ)湯	殺菌・止血収斂作用のあるタンニンや保温・発汗・解熱作用のある成分が含まれており、体のすみずみまで血液が循環する。	9月	菊の葉湯	菊の中でも「リュウノウギク」を使用する。体の痛みを和らげるほか、保温効果が高いのも特徴。そのため、疲れをほぐすのにぴったりの湯だ。
4月	桜湯	桜の樹皮を利用する。煎じた樹皮は咳に効果が期待でき、その煮汁を利用したものが桜湯。湿疹などの肌の炎症を抑えると言われている。	10月	生姜(しょうが)湯	生姜は、食べると食欲増進や殺菌作用、風呂に使うと血行促進などが期待できる。温暖の差が激しいこの時期の風邪予防に最適だ。
5月	菖蒲(しょうぶ)湯	端午の節句に欠かせない。“勝負”や“尚武”と音が同じことから縁起物として重宝され、また厄除けとしても昔から親しまれてきた。	11月	蜜柑(みかん)湯	いつもは捨てられる蜜柑の皮は、乾燥させて風呂に入れれば天然の入浴剤に変身。皮に含まれるクエン酸はお肌に良いと言われている。
6月	どくだみ湯	あせも・湿疹などの吹き出物を鎮めるほか、新陳代謝を高めて皮脂分泌を高める効果があると言われている。生のまま刻んで使う。	12月	柚子湯	冬至に柚子湯に入ると風邪をひかないと言われてきた。柚子の皮に含まれる成分が血行を促進し、冷えや肩こりに効果があるとされているためだ。

参考資料：風呂文化研究会ホームページ（東京ガス㈱サイト内） http://www.toshiken.com/furobunka/index.html ／㈱INAXホームページ http://www.inax.co.jp/

ジョン・コンスタブル《ハリッジ灯台》1820 年出品？ Photo: Tate

テート美術館展　光

― ターナー、印象派から現代へ

LIGHT　　Works from the Tate Collection

世界巡回、大阪でフィナーレ！

本展は 2021 年から、中国・韓国・オーストラリア・ニュージーランドと世界巡回している大規模展で、大阪が最終会場となります。

「光」というかたちのないものを、どのように表現するか――。これは長らく、数多くのアーティストにとっての重要なテーマだった。本展では、18 世紀末から現代までの約 200 年間に制作された約 120 点の作品を、緩やかな時系列に沿って一堂に公開。ウィリアム・ブレイクやターナー、コンスタブル、モネなどの印象派、ジェームズ・タレル、草間彌生ら現代アーティストによる、時代や地域・ジャンルを超えた「光の作品」を鑑賞できる。アーティストたちはどのように光の特性とその輝きに魅了され、どのように作品にしてきたのか。その多彩な表現を目のあたりにする貴重な機会となるだろう。

大阪中之島美術館

2023.10.26（木） ｜ 2024.1.14（日）

開場時間：10:00 - 17:00（入場は 16:30 まで）
休館日：毎週月曜日（ただし1月8日は開館）、12月31日、1月1日
会場：大阪中之島美術館 5 階展示室　大阪府大阪市北区中之島 4-3-1

主催　大阪中之島美術館、テート美術館、日本経済新聞社、テレビ大阪、京都新聞、神戸新聞社
協賛　岩谷産業、大林組、SOMPO ホールディングス、ダイキン工業、DNP大日本印刷、大和証券グループ、三井住友銀行、三井不動産
協力　日本航空、フィナンシャル・タイムズ
後援　ブリティッシュ・カウンシル

光とアートをめぐる
200 年の軌跡を体感——

「光の画家」ターナー

ジョゼフ・マロード・ウィリアム・ターナー
《光と色彩（ゲーテの理論）——大洪水の翌朝——創世記を書くモーセ》1843 年出品 Photo: Tate

「ラファエル前派とその展開」
バーン=ジョーンズ

エドワード・コーリー・バーン＝ジョーンズ《愛と巡礼者》1896-97 年 Photo: Tate

誰もが知る作家が
大阪中之島美術館に集結

ワシリー・カンディンスキー《スウィング》
1925 年 Photo: Tate

クロード・モネ《エプト川のポプラ並木》
1891 年 Photo: Tate

ヴィルヘルム・ハマスホイ《室内》
1899 年 Photo: Tate

VIVA! MÉXICO

～メキシコの絶品料理を味わう～

私が初めてメキシコ料理を食べたのは大学生の時だ。メキシコを愛しすぎてメキシコ料理店でアルバイトをし、スペイン語を勉強して、ついには一人でメキシコを旅行するまでした友人に連れられ、とあるレストランを訪れた。メニューには見慣れない料理名がずらっと並んでいて、何がなんだか分からなかった記憶がある。注文はほとんど友人に任せた。ほどなくして運ばれてきたのは、色鮮やかなお皿に載せられた得体のしれない料理の数々。日本の家庭で出されるような食事とは似ても似つかない。しかしなんだか美味しそうだ。特にためらうこともなく一口。メチャクチャ美味しい……。その瞬間から私はメキシコ料理の虜になった。

それから色んなメキシコ料理店を訪れて、様々な料理を食べた。メキシコ料理の面白いところは、作る人が違えば味も同様に変化する点だ。例えば、日本でも知名度の高いタコス。どのお店のメニューにも必ず存在する定番料理だが、自称味音痴の私でもその違いが分かるほど、お店によって味が大きく異なる。A店のタコスはお肉がとにかくぎっしり詰まっておりボリューム満点。対してB店ではお肉の代わりに野菜が多い。C店ではパクチーや香辛料が多めで癖のある仕上がりに。こういった具合にどのお店もそれぞれ特徴が明確にあり、常に新しい発見がある。ベースの作り方を踏襲していれば、あとは個人の裁量でいかようにも味を変化させることができるという面白さに私は胃袋をがっちり掴まれた。メキシコ料理のおかげで、苦手だったパクチーの良さが多少理解できた気もする。

ところで、少し前にメキシコ料理好きの一般人が色々なお店のタコスを紹介するというテレビ番組が放送されていた。それによると、タコスは野菜たっぷりでヘルシーなのでダイエット食として人気を博しているという。しかしメキシコ料理を知っている人間からすれば、一概にそうとは言えない。確かに野菜をふんだんに使ったタコスも存在するが、多くの場合、カロリーが高い豆のペーストやチーズも一緒に挟まっており、総合的に見ればむしろハイカロリー。油分が多く、ジャンクフードと捉えられることもある。よってダイエットには向いていないと言わざるを得ない。メキシコ料理の良さを発信してくれるのは嬉しいが、誤った情報を広めないようにしていただきたいものだ。

メキシコ料理と聞いて多くの人が思い浮かべるのは、タコスやブリトー、ナチョスだろう。これらの三品には一つ、大きな共通点がある。それは“トルティーヤ”が使われているということだ。そしてこの“トルティーヤ”はメキシコの主食であり、料理のいたるところに使われている。“トルティーヤ”の正体はマイスと呼ばれるメキシコのとうもろこしをすり潰して粉状にし、薄いパンのようにしたもの。これに具材を挟めばタコスになり、包めばブリトー、揚げればナチョスに早変わりだ。このようにメキシコ料理には“トルティーヤ”が多く使用されている。もちろんそうでないものもあるが、“トルティーヤ”を知らずしてメキシコの料理を語ることはできない。

さて、本稿の目的はメキシコ料理の魅力を読者の皆さんに感じてもらうことである。そこで私のオススメ料理を紹介したい。

メキシコ料理の定番
tacos ～タコス～

とうもろこし（地域によっては小麦粉）で作られた“トルティーヤ”に、具材をのせて“サルサ”（ソース）をかけ、手で包んで食べるメキシコの定番料理。牛肉や豚肉をはじめとし、豆のペーストやエビなどを使ったものなど種類がとても豊富で、好みに合った食べ方を楽しむことができる。ちなみに、“サルサ”とはスペイン語で“ソース”を意味するため、“サルサソース”は誤った表現。

チーズ好きの味方
Quesadilla ～ケサディーヤ～

ケサディーヤはスペイン語で“小さなチーズのもの”を意味し、その名の通りチーズを使用した一品だ。“トルティーヤ”にたっぷりのチーズやお肉などを挟んで焼き上げるメキシコのファストフードで、一口食べた瞬間チーズが溢れ出す。現地では「さけるチーズ」の元になったとされるメキシコの「オアハカチーズ」が使われていることが多く、こちらもまたメキシコの定番料理だ。

伝統的なスープ料理
Pozole ～ポソレ～

古代アステカ時代から親しまれ、長い歴史を持つポソレ。豚骨スープに豚肉、大粒のコーン、アボカドなどが入った具だくさんのメキシコ版コーンスープだ。種類は、ベーシックな“白”、香辛料やパクチーが加わり癖のある“緑”、チリベースで辛さが際立つ“赤”の三種類。ちなみにアステカ時代には、生贄として捧げられた人の肉が使用されていた。もちろん現在は使われていない。

実は食べられるサボテン
Nopal ～ノパル～

メキシコと聞いて思い浮かべる人が多いであろうサボテン。実は食べることができるのだ。食用のサボテンはノパルと呼ばれ、茹でたり、炒めたり、タコスの具材にしたりなど食べ方は様々だ。独特な食感とあっさりした味わいが特徴で、お肉の付け合せにもよく用いられる。丸ごと焼いて“サボテンステーキ”にしたり、お肉と一緒に炒めて“サルサ”をつけたりするのがおすすめ。

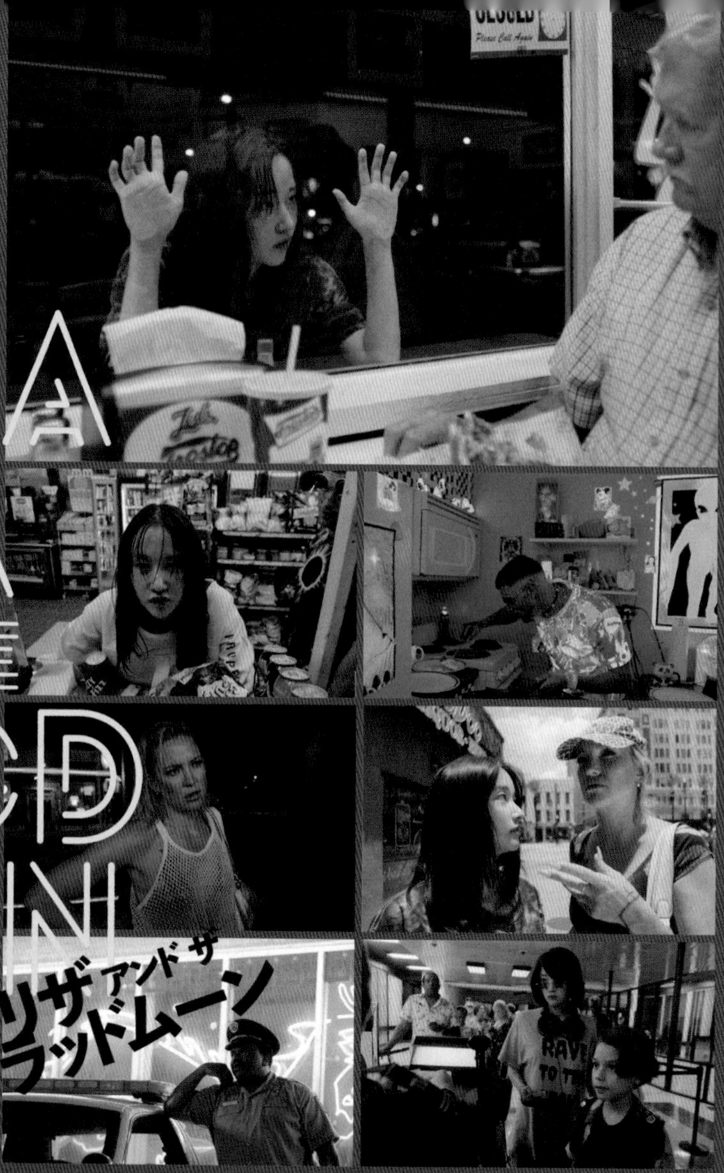

MONA LISA AND THE BLOOD MOON

モナ・リザ アンド ザ ブラッドムーン

【キャスト】ケイト・ハドソン／チョン・ジョンソ／クレイグ・ロビンソン
エド・スクライン／エヴァン・ウィッテン
【監督・脚本】アナ・リリ・アミリプール
【製作】2022年／アメリカ
【Web】https://monalisa-movie.jp
【日本公開】11月17日（金）ヒューマントラストシネマ渋谷、新宿シネマカリテほかにて公開
【配給】キノフィルムズ

赤い月の夜、カノジョは突然覚醒した

12年もの間、精神病院に隔離されていた少女、モナ・リザ。ある赤い満月の夜、突如“他人を操る特殊能力”に目覚めた彼女は、自由と冒険を求めて施設から逃げ出した。そうして辿り着いたのは、サイケデリックな音楽が鳴り響く、刺激と快楽の街ニューオーリンズ。そこでワケありすぎる人生を送ってきた様々な人々と出会ったモナ・リザは、自らのパワーを発揮し始める。一体彼女は何者なのか。まるで月に導かれるように、モナ・リザが切り開く新たな世界とは――？

本作『モナ・リザ アンド ザ ブラッドムーン』の監督は「次世代のタランティーノ」として注目を集めるアナ・リリ・アミリプール。長編映画監督デビュー作『ザ・ヴァンパイア ～残酷な牙を持つ少女～』は2014年のサンダンス映画祭でプレミア上映され、ゴッサム・アワードではユニークかつオリジナリティ溢れるセンスを発揮する新進映画監督に贈られるビンガム・レイ賞を受賞した。その後もキアヌ・リーヴスやジム・キャリーなどが共演した『マッドタウン』を発表。ギレルモ・デル・トロが企画・製作総指揮を務めたオムニバス作品『ギレルモ・デル・トロの驚異の部屋』に監督の一人として参加するなど話題作を発信し続けている。そんな監督が「モナ・リザ役は彼女に」と惚れ込んだのが、韓国人女優のチョン・ジョンソ。村上春樹の小説を映画化した『バーニング 劇場版』やNetflix映画『ザ・コール』などに出演し世界から注目される気鋭の女優だ。オファーを受けたジョンソは監督に会うために単身・自費でロサンゼルスを訪問。一週間に亘って一緒に映画を観たり、音楽を聴いたりして交流を深め、作品に向き合う姿勢を育んだ二人のシナジーにも注目してほしい。

イラン系アメリカ人の監督は、本作のアイデアが生まれた経緯に、自らの子供時代の経験が大きく影響していると語る。常に「よそ者」を自覚し、「本当の居場所」を探していた当時の経験は、モナ・リザをはじめとする登場人物たちにも重なる。彼らが互いを見出し、出会った時――予想もしなかった結末へと私たちを誘ってくれる。

【キャスト】ナディア・テレスキウィッツ／レベッカ・マルデール／イザベル・ユペール／ファブリス・ルキーニ
ダニー・ブーン／アンドレ・デュソリエ
【監督・脚本】フランソワ・オゾン
【製作】2023年／フランス
【Web】https://gaga.ne.jp/my-crime/
【日本公開】11月3日（金・祝）、TOHOシネマズ シャンテ他 全国順次ロードショー
【配給】ギャガ

目が眩むほど甘美な“殺人犯”の座は誰のもの？

有名映画プロデューサーが自宅で殺害された。第一容疑者に挙げられたのは売れない新人女優マドレーヌ。当初は濡れ衣だと主張していた彼女だが、突如翻意し殺害を認めた。そしてマドレーヌとその親友である新人弁護士のポーリーヌが法廷で主張したのは「男に襲われた女が、名誉と身を守るため反撃した」という筋書き。二人は、家父長制意識が根付いた1930年代のフランスで「立ち上がる女性」として支持を集め、劇的に無罪を勝ち取って世間に名を売ろうと目論んでいたのだ。そんな計画は成功し、一躍時の人となった二人は各々のキャリアで瞬く間に栄華を極めていった。しかし彼女らのもとに突如落ち目の大女優・オデットが訪ねてくる。そして「プロデューサー殺しの真犯人は私。だからあなたたちが得た富も名声も全部、私のもの」と主張し始めるのだった――。

フランス映画界の巨匠、フランソワ・オゾンが放つ待望の新作は、極上のクライムミステリー・エンターテインメント。1930年代のフランスを描いた作品群からオゾンが見出したエッセンスが丹念に落とし込まれたシネマトグラフィーにより、当時のアールデコの雰囲気が忠実に再現されており、リアリティへの執念が細部に宿った衣装や美術も華やかで心躍る映像体験を提供してくれる。本作はそんなエンタメとしての側面を持つ一方、オゾンの女性観が顕著に表れた、社会性を孕んだ一作となっている。設定としては「歴史的・政治的背景はそのままにしつつ、ジェンダーにおける権力と支配については、現代と共鳴するように自由にアレンジした」とオゾン。選挙権や口座を持つことさえ許されない社会をクレバーに生き抜き、女性であることを「強み」に変えながら成功を勝ち取っていくマドレーヌたちの姿は、自身の性別をある種の「弱み」であると感じたことのある女性たちを力強くエンパワーメントしてくれるはずだ。

何より“殺人犯”の座を巡る争いが展開されるという新奇性が目を引く本作。小気味良いユーモアで彩られた女性たちの駆け引きが迎える幕切れを、是非劇場で目撃してほしい。

Masters
令和 5 年 11 月号
《第 41 巻 11 号》通巻 505 号
令和 5 年 11 月 1 日発行
定価 1,650 円（本体 1,500 円 + 税 10%）

発行人：中黒 靖

編集人：中黒 靖

企画責任者：松嶌 晋太郎

チーフ記者：
小野 雅敏／北田 哲治
高野 悟司／家郷 大地

記者：
荒田 僚介／川原 一悌
倉田 翼

編集：
日田 翔太／橋口 侑奈
深澤 晃仁／春日 薫
本荘 吉昭／加野 靖幸

【発行所】
国際通信社 HD シナジー総研
大阪市西区立売堀 1-7-18 国際通信社ビル
TEL 06-7651-0729（代表）

【発売所】
星雲社（共同出版社・流通責任出版社）
東京都文京区水道 1-3-30
TEL 03-3868-3275

【印刷／製本】
朝日印刷

【表紙写真】
EPA ＝時事

ISBN 978-4-434-31310-3

編集後記

巷ではサウナが流行っているらしい。言われてみれば、いわゆる「サウナー」の芸能人が増えてきた気がするし、友人たちの中にはサウナ巡りをするグループもできていた。最近サウナにハマり始めた友人は「交感神経と副交感神経がああなってこうなって、すごくリラックスできる」と力説していて、ちょっと何を言っているか分からなかった。それだけ熱くなっている友人がいるにもかかわらず、「安易に流行に乗りたくない」という天邪鬼な性格と、ものぐさでインドアな性分のせいでサウナを体験したことはほとんどなかった。

ある時、しびれを切らした友人に「サウナの良さを知ってほしい」と誘われたのでサウナ好きのグループに混ぜてもらった。初心者なので、まずは経験者のやり方に従うことにする。まず、サウナに入った感想は「早く出たい」だった。熱すぎる。友人が「初心者は 5 分くらいかな」と言ってきたので大人しく従ったが、とても長く感じた。特殊相対性理論ってこういうことなのだろうか。そして、サウナから出た後はすぐに水風呂に入った。「騙されたと思って、思い切り肩まで浸かってくれ」と言われた通りにしたが、見事に騙された。「こんなことやって本当に身体に良いのか」と震えながら 1 分ほど耐えて、いざ外気浴。外気浴というのは文字通り外気で身体を冷ますことで、“ととのう”には欠かせないそうだ。「ようやく“ととのう”が体験できる」と思って外気浴をしていると、なんだか頭がフワフワして眠くなってきた。友人曰く、それが“ととのう”らしい。それってただ疲れてるだけなんじゃ、と無粋な考えが浮かんだが胸の奥にしまった。とは言いつつも、サウナで汗を流した後のビールと中華はとても美味しく、案外悪くないような気がした。

▼近くの銭湯に「地獄風呂」なるものがある。一人の青年が入ろうとしているので見ていたら、膝まで入っただけで「ギャッ！」と言って、勢いよく去っていった。「根性が足りんのや」と思い自分も入ると、足首までで「ギャッ！」となった。後日、あの熱湯に全身浸かっているオヤジを目撃。皮膚の作りが違うのだろうか。それ以来、私はあのオヤジを目標にしている。（日）

▼サウナに限らず、寒暖差の大きい空間が苦手だ。リアルな話だが、血管にとても負荷がかかっている感覚がして恐い。平たく言えば「プッツンいきそう」なのだ。まだ 30 代ではあるけれど、無事に済むとは限らないし、などと考え出すと、もう……もう……ダメだ。サウナに命を懸けるくらいなら、もっと別なことに懸ける。（橋）